# Der Weg zum Glück führt über den nächsten Gipfel

*Dorothee Mühlenbruch, Natur-, Landschafts- und Wanderführerin*

*mit Zertifikat und Leidenschaft*

Nach jahrelanger Erfahrung als Wanderführerin, erlebte ich bei mir persönlich eine Veränderung. Diese entwickelte sich auf Grund des Wanderns und den Aufenthalten in der Natur. Ich dachte über die Zusammenhänge nach, erklärte sie mir und auf meinen geführten Wanderungen und Kursen den Teilnehmern.

Damit stieß ich auf großes Interesse. Viele Teilnehmer konnten von ähnlichen Erfahrungen berichten. Es sind nicht wenige, die auf Grund der Kurse zum Wandern und zu einer neuen Lebensphilosophie gekommen sind. In diesem Buch habe ich meine Erfahrungen und Beobachtungen mit umsetzbaren Tipps zusammengefasst und die Hoffnung noch mehr Menschen zu einem „bewegten Leben" in der Natur motivieren zu können.

*Ihre Dorothee Mühlenbruch*

Dorothee Mühlenbruch

# Der Weg zum Glück führt über den nächsten Gipfel

## Wandern leicht gemacht

## oder

## Wandern macht leicht

Der etwas andere Ratgeber.

Mit vielen Tipps und Platz für eigene Notizen,

so dass jedes Buch zu einem

ganz persönlichem Exemplar wird.

Verlag: BoD – Books on Demand, Norderstedt

Bibliografische Information der Deutschen Nationalbibliothek:

Die Deutsche Nationalbibliothek verzeichnet diese Publikation in der Deutschen Nationalbibliografie; detaillierte bibliografische Daten sind im Internet über www.dnb.dnb.de abrufbar.

Die Ratschläge in diesem Buch sind sehr sorgfältig von der Autorin recherchiert, geprüft, getestet und gelebt worden. Eine Garantie kann dennoch nicht übernommen werden. Eine Haftung des Herausgebers, des Verlages oder seiner Beauftragten für Personen-, Sach- und Vermögensschäden ist ausgeschlossen.

© 2016 Dorothee Mühlenbruch

Illustration Dorothee Mühlenbruch

Herstellung und Verlag:

BoD – Books on Demand, Norderstedt

ISBN: 9783743100770

(D) 8,90€

Von unseren kühnsten Zielen
träumen wir zunächst nur.

Allmählich gewinnen sie an Form und Machbarkeit,
sodass die Träume zur Wiege
unserer Taten werden können.

Träume – Vorstellung – Handlung

Auf neuen Pfaden ist der Weg das Ziel

## Inhaltsverzeichnis

Einleitung     9

    Wer bin ich und was möchte ich mit diesem Buch erreichen?     9

Kapitel 1     11

    Wie wandere ich ohne unnötigen Kraftaufwand     11

       - Technik: Worauf sollte ich achten     11

       - Was passiert beim Wandern in meinem Körper?     11

Kapitel 2     29

    Ausrüstung     29

       - Welche Anschaffungen sind sinnvoll?     29

Kapitel 3     47

    Auswirkung des Wanderns und des Aufenthaltes in der Natur auf meine Psyche     47

Kapitel 4     63

    DU bist was DU isst!     63

       - Ernährung     63

       - Mineralhaushalt     63

       - gesunde Pausen     63

Kapitel 5     81

    Welche Wanderung passt zu mir?     81

Kapitel 6     95

    Gangsicher oder Trittsicher? Was ist damit gemeint?     95

Kapitel 7     109

    Dieses Kapitel beschäftigt sich mit gesunden Tipps     109

Kapitel 8     131

    Motivation: Weitermachen oder Aufhören?     131

Schlusswort     145

## Einleitung

*Wer bin ich und was möchte ich mit diesem Buch erreichen?*

Da ich sehr gerne wandere und schon seit Jahren dieses wunderbare Freizeitvergnügen vielen Menschen nahe bringen möchte, absolvierte ich eine Ausbildung zur zertifizierten Wanderführerin. Auch gab ich schon mehrmals Kurse „Wandern leicht gemacht".

Viele Menschen sind auf Grund der Kurse, die zu einem kräfteschonenden Einstieg verhelfen, auch leidenschaftliche Wanderer geworden. Vor allem wissen sie um die wohltuende Wirkung einer Wanderung in der Natur.

Um noch mehr Menschen zu erreichen, habe ich mich entschieden, dieses Buch zu schreiben. Für diejenigen, die schon in den Genuss von Wanderungen gekommen sind, enthält dieses Buch aber sicher noch zusätzliche Anregungen, Ideen und wie ich denke, überraschende Zusammenhänge bereit.

Es erwartet Sie ein Buch, das sich in 8 Kapiteln mit den wichtigsten Themen des Wanderns beschäftigt.

Doch es ist nicht nur ein simpler Ratgeber. Ich stelle zu jedem Kapitel eine Beziehung zwischen dem Wandern, dem physischen, aber auch dem psychischen Leben her. Es bietet einiges zum Anregen und Nachdenken.

Schließlich gibt es Gründe, warum viele Menschen auf einer langen Wanderung „zu sich selber finden". „Was passiert da? Wer bin ich?"

Meistens kennen die Anderen uns besser, als wir uns selber. „Was will ich?" Und vor allem „Wohin will ich?"

Übrigens, das was Sie lesen werden, habe ich nicht studiert, sondern selber an mir erfahren. Oder besser gesagt, ich habe es mir erwandert. Vor allem: ich habe es gelebt!

Und da zum Wandern auch eine Portion Fitness gehört und Sie diese vielleicht aufbauen möchten, finden Sie in diesem Buch nach jedem Kapitel eine Trainingsanleitung. Sie ist keine Pflicht, aber einmal täglich, eine Woche lang trainiert und Sie werden sehen, dass sich Ihre Fitness deutlich verbessert.

Nun steht einer längeren Wanderung, auch der in Ihr Inneres, nichts mehr im Wege.

Ein Tipp von mir: lesen Sie pro Woche ein Kapitel und versuchen Sie, auch die Hintergründe auf sich wirken zu lassen. Vielleicht machen Sie sich Notizen (freier Platz im Anschluss zu jedem Thema), und schreiben Erlebnisse, Ziele oder Gedanken auf. So wird dieses Buch für Sie zu einem ganz persönlichen Ratgeber.

Ich wünsche Ihnen viel Spaß bei der Lektüre!

Ihre Dorothee Mühlenbruch

# Kapitel 1

## *Wie wandere ich ohne unnötigen Kraftaufwand*

- *Technik: Worauf sollte ich achten*
- *Was passiert beim Wandern in meinem Körper?*

**Wie wandere ich ohne große Kraftanstrengung und was passiert in meinem Körper beim Wandern?**

Schon die Römer lagen lieber in ihrer Sänfte, obwohl sie wussten, dass Gehen besser ist, als getragen zu werden. Denn der Mensch ist ein auf Bewegung ausgelegtes Wesen. Aus diesem Grund ist das Wandern ein Sport, den man nicht genug schätzen kann.

**Wandern ist Fitness und Ausdauersport**

Wie wandere ich ohne kräftezehrende Muskelanspannung?

Machen Sie dazu einfach einmal folgende „Trockenübung":

Stellen Sie die Füße hüftbreit nebeneinander auf den Boden.

Konzentrieren Sie sich nun auf Ihre Füße, nehmen Sie sie wahr, bemerken Sie, wie sie uns tragen und den Kontakt zum Boden herstellen. Gehen Sie nun ein paar Schritte!

Bemerken Sie, wie der Fuß mit der Ferse aufsetzt und dann, beim nach vorne Abrollen, ganz lang wird. Wichtig: Spüren Sie, das Sie immer Kontakt zum Boden haben. Ganz langsam ausführen, Schritt für Schritt!

Auf unsere Füße ist Verlass, sie tragen uns.

**Das Becken ist gerade, die Beine hängen scheinbar locker daran.**

Unser Oberkörper ist gerade und aufgerichtet.

**Nun konzentrieren wir uns auf unser Brustbein.**

Dieses ist etwas vorgestreckt. <u>Achtung: kein Hohlkreuz!!!</u>

Es zieht uns Richtung Ziel.

Unsere Schultern sind ebenfalls locker, der Hals und der Kopf in der Mitte zentriert.

**Der Kopf ist keine Last! Die Schultern sind entspannt!**

Unsere Arme schwingen wie von alleine ohne Anstrengung an jeder Seite im Gleichschritt mit.

Sie geben uns den Rhythmus und das Tempo.

Bitte, versuchen Sie, sich darauf zu konzentrieren.

Denken Sie daran: Immer schön locker bleiben

Machen Sie diese Übung einige Male zu Hause. Es geht um die richtige Haltung, die Lockerheit und um die Wahrnehmung Ihres Körpers!

Wenn Sie nun beim nächstem Mal nach draußen gehen, nehmen Sie diese Übung mit! Sie werden merken, dass Sie auf einmal ein viel besseres Körpergefühl und einen gleichbleibenden Rhythmus, bzw. Tempo haben.

Versuchen Sie, diesen Rhythmus auch über eine größere Wegstrecke beizubehalten.

Lassen Sie sich nicht aus diesem Rhythmus bringen. Zugegeben: Am Anfang erfordert diese Haltung Konzentration, aber wenn Sie es eine Weile geübt haben, kommt es zur Automatisierung. Wichtig ist die Kraft in den Oberschenkeln, klar, aber auch die Lockerheit des Oberkörpers, der Schultern und der Arme treibt uns an.

Ganz schlecht sind diese Angewohnheiten: Hände in die Taschen stecken oder am Rucksack ziehen.

Immer wieder korrigieren, bis es für Sie zur Gewohnheit geworden ist.

**Weitere Tipps zum einfachen Wandern.**

**Bergauf:** Wenn wir einen Anstieg haben, brauchen wir dazu zuerst einmal eine gute Beinmuskulatur. Sicher kommt diese mit der Zeit von alleine, aber man kann sie auch ein wenig aufbauen. Aus diesem Grunde gibt es am Ende eines jeden Kapitels einen Trainingsplan, für jeweils eine Woche.

Doch kann man sich die Anstrengung beim Bergaufgehen etwas vereinfachen, wenn man folgende Punkte beachtet:

1. Kleine Schritte machen: diese sind nicht so anstrengend wie die großen. Und man kommt auch nicht so schnell außer Atem. Aber: Man darf dabei schwitzen und schnell atmen.

2. Reden sollte nicht unbedingt sein, da Sie die Luft zum Bergaufgehen brauchen.

3. Gehen Sie, etwas nach vorne gebeugt, ein wenig in die Knie. Ähnlich wie im Entengang, Das kann auch zu Hause immer wieder zur Kräftigung der Muskulatur geübt werden.

**Bergab gehen:**

Ebenfalls kleine Schritte machen!!! So können Sie sich besser kontrollieren und es ist für die Kniegelenke wesentlich schonender, denn sie werden nicht so stark belastet.

Auch beim Hinabgehen ein wenig in den Knien federn!

Entengang! Es nimmt die Last vom Kniegelenk, da Sie mehr aus den Muskeln heraus arbeiten.

Sehr wichtig: Auch hier den Schwerpunkt des Oberkörpers ein wenig vorgerichtet. Das heißt: Der Brustkorb ist ein wenig weiter vorne als der Bauchnabel.

Manche Menschen versuchen sich mit dem nach hinten gerichteten Oberkörper abzubremsen. Bei einem Sturz hat das schlimme Auswirkungen, da Sie so immer auf dem Steißbein landen werden! Also etwas vorgerichtet ist auch hier wichtig.

Übrigens auch ein guter Tipp bei Glatteis.

**Atemtechniken und -schwierigkeiten**

Wenn ein Druck auf der Brust lastet, wenn man ein Engegefühl: als wenn man gegen Widerstand atmet, hat, wenn man kurzatmig ist, dann ist meistens nicht das Herz- Kreislaufsystem schuld.

Sondern: Oft sind die großen Brustmuskeln verspannt und dabei verklebt das Bindegewebe, welches zwischen Muskeln und Knochen liegt.

Ursachen sind z.B.: Falsches Tragen von Lasten, oder ein bei Anstrengung vornüber gebeugtes Gehen. Denn dabei werden die Schulterblätter nach vorne oder oben gezogen und daraus entstehen die Verspannungen die das Atmen schwierig machen.

Eine andere Ursache ist das falsche Atmen. Atmen ist generell lebenswichtig, doch beim Sport oder Wandern ist das Atmen extrem wichtig. Denn nur so werden die Muskeln mit frischem Sauerstoff gefüllt.

Dazu muss man vor allem tief ausatmen, denn nur dann kann genügend frische Luft nachkommen.

Am besten atmet man in den Bauch, das erhöht das Atemvolumen.

Atmet man flach, oberflächlich und stoßartig bekommt man nicht genügend Sauerstoff, der Körper erhöht die Atemfrequenz und ein Teufelskreis beginnt.

Wer nun mit locker aufgerichtetem Oberkörper losgeht, hat den ersten wichtigen Schritt getan. Denn ist dieser vornübergebeugt und man hat auch noch die Schultern vor- oder hochgezogen ist der ganze Oberkörper vollkommen verkrampft und eine tiefe ruhige Atmung findet nicht statt.

Die Atmungsfrequenz wird beim Sport oder bei Belastung automatisch erhöht, das ist normal und muss keine Sorgen bereiten. Wer dabei nun auf einen locker aufgerichteten Oberkörper und tiefes gleichmäßiges Ausatmen achtet, hat automatisch eine gleichmäßige, vernünftige, wenn auch schnelle Einatmung.

Sehr unangenehm wird es, wenn es bei Kraftaufwendung z.B. Bergauf gehen, zu einer Pressatmung kommt. Dabei ist alles verspannt: Unter Umständen hat sich durch vornübergebeugtes Gehen der Brustkorb verkrampft und damit einen Teil des Kehlkopfes verschlossen. Oder der Kehlkopf verschließt sich teilweise durch Stress, Aufregung und Belastung mit gleichzeitigem Reden. Die durch die Belastung entstehende höhere Atemfrequenz erfordert ein tiefes Aus- und Einatmen.
Nur, durch die Verspannung ist das nicht mehr möglich!

Die Folge: Der Blutdruck steigt und das Blut, welches in Richtung Herz sollte, pocht im Kopf. Dies kann sehr gefährlich werden. Gefährlich für das Herz-, Kreislauf System, übrigens bis 30 Minuten nach der Anstrengung! Das vornübergebeugte, mit verspannten Schultern Wandern, vor allem im Berg erfordert unnötig viel Kraft. Es macht Freude auszuprobieren, mit welchen einfachen Möglichkeiten die Energie zu verbessern ist.

Durch eine Fehlhaltung können auch andere Muskeln im Oberkörper verspannen und diese lösen an den unterschiedlichsten Stellen teils enorme Beschwerden aus. Sie können im oberen Rücken sitzen und beim Wandern erlebt der Wanderer Kreuzschmerzen. Sie können in den Brustkorb strahlen und Herzinfarkt ähnliche Symptome hervorrufen.

Ist nun auch noch Druck oder Stress dabei, z.B. „hoffentlich schaffe ich es", usw. kommen Verspannungen wie von selbst.

Also, wie immer alles eine Frage der Haltung!

**Wanderstöcke**

Wandern trainiert unseren angeborenen Gleichgewichtssinn und unsere Gangsicherheit. Etwas, was wir spätestens im Alter dringend brauchen!

Bei Wanderungen im Flachland und bei moderaten Steigungen sollten gesunde Menschen keine Wanderstöcke einsetzen. Menschen mit Knieproblemen, sollten sie aber, vor allem beim Hinabgehen, benutzen.

Im alpinen Bereich, auf schmalen Bergpfaden etc., insbesondere bei steilen An- und Abstiegen, sind Wanderstöcke sehr sinnvoll.

Wichtig ist: Wenn die Stöcke auf schwierigen Strecken eingesetzt werden, diese nicht durchgängig benutzen! Immer wieder Teilabschnitte ohne den Gebrauch der Stöcke erwandern!

Warum? Die Meisten denken, sie gehen sicherer; das ist leider ein Trugschluss, da mit den Wanderstöcken das natürliche Gleichgewichtsgefühl untergraben wird.

Man wird nicht sicherer, sondern immer unsicherer.

Manche denken, die Stöcke machen das Wandern leichter, sie bräuchten weniger Muskelanstrengung. Das ist nicht der Fall, es tritt genau das Gegenteil ein!

Wir wandern mit den Beinen und nicht mit den Armen. Wer sich beim Wandern auf seine Stöcke stützt, der benutzt ganz falsche Muskelbereiche.

Er nimmt neben der Gangunsicherheit sogar in Kauf, dass sich seine Muskeln verspannen und verkürzen. Und zwar die vorderen Armmuskeln und die oberen Schultermuskeln.

Das gilt nicht für alpines Gelände!

Beim Nordic Walking ist das etwas anderes. Hierbei werden die Hände beim nach hinten führen der Stöcke geöffnet. Durch dieses Öffnen der Hände, streckt sich der vordere Muskel wieder. Nordic Walking, wenn richtig gemacht, ist ein toller Sport! **Wandern ist kein Nordic Walking!**

**Was passiert in meinem Körper, wenn ich gesund wandere?**

**Zuerst einmal: Was ist gesundes Wandern?**

Das ist ein Wandern, welches zu mir passt. Ich merke, dass ich etwas getan habe, mein Puls ist in Bewegung gekommen, ich habe geschwitzt, ja ich spüre auch meine Muskeln. Aber, ich bin nicht vollkommen erledigt. Das ist wichtig!

Wer die ersten Tipps beherzigt, zu Hause ein wenig Kondition aufbaut und dann noch dabei bleibt, d.h. regelmäßig wandert, der tut sich etwas Gutes.

Wandern ist ein zügiges Gehen, kein Spazieren und kein Schlendern!

**Unser Körper ist auf Strecken von ca. 15km pro Tag ausgerichtet.** Er kann das und es passt zu ihm!! Das Wandern ist die ursprünglichste Form der Fortbewegung des Menschen.

Wandern ist sogar eine schonende Fortbewegung. Es ist kein aggressives Auspowern.

Es ist bewiesen, dass diese Bewegung, wenn konsequent betrieben, Beschwerden vieler Art lindert und Krankheitsrisiken senkt.

**Wichtig ist aber die Regelmäßigkeit!**

**Der Lohn ist:** Ein gestärktes Herz-Kreislauf-System, gesenkte Zucker- und Blutfettwerte, erhöhte Widerstandskraft gegen Infektionen, Schutz von Gelenken und Knochen durch eine trainierte Muskulatur.

Beim Wandern werden viele Muskeln bewegt.

**Und langsam aber sicher bauen Sie Fett ab und Muskeln auf.**

Der Kalorienverbrauch ist bei einer 65-70kg schweren Person ungefähr 300 Kilokalorien pro Stunde!!!

Übrigens: Wandern ist auch gut gegen Rückenschmerzen. Zum einen liegt es daran, dass wir Muskulatur aufbauen, aber zum andern liegt es auch daran, dass wir den Körper und seine Muskeln beim Wandern zwar fordern und belasten, aber auch entspannen! Die Muskeln werden warm und durch die geschmeidige und gleichmäßige Bewegung gut durchblutet, ja regelrecht massiert. Die Haltung ist allerdings von extremer Wichtigkeit. Denn wer ins Hohlkreuz fällt, erlebt das Gegenteil. Dann nämlich wird Wandern zum Rückenschmerz. Also Haltung üben.

Wenn Sie meine Tipps beherzigen, werden Sie es bei den nächsten Schritten schon merken.
Immer schön locker im Beckenbereich, den Kopf zentriert, locker auf dem Hals und in der Mitte der Schultern. Die Beine und die Arme pendeln, das Brustbein zieht uns vorwärts. Wir machen kein Hohlkreuz!!

**Was macht unsere Seele daraus?**

Wenn Sie den Text aufmerksam gelesen haben, sind Ihnen sicherlich einige Formulierungen aufgefallen:

„Unser Kopf ist keine Last", „Üben Sie Haltung" und „Locker bleiben".

Da sind gleich zwei Dinge, in denen sich die Schwere des Lebens manches Mal wiederspiegelt. Wer gerade eine „schlimme Zeit" durchmacht, hat meistens keine gerade Haltung. Hier werden oft die Schultern hochgezogen, der Kopf (zum Schutz?) eingezogen. Wir gehen mehr oder weniger vornübergebeugt. Wir stecken unsere Hände in die Taschen. Wir gehen schwer. Wir tragen an der Last des Lebens! Alle, jeder von uns! Krankheiten, Kummer, Sorgen und Leid ziehen uns förmlich zu Boden.

Beim Wandern lässt sich die Haltung nun hervorragend und auf einfache Art und Weise üben. Es sieht nicht nur besser aus und ist für den Körper gesünder, sondern viel wichtiger ist doch: Es ist in verschiedenen Studien nachgewiesen worden, dass die innere Einstellung über die äußere Haltung beeinflussbar ist. Wenn das kein guter Motivator ist!

Auch über die Wahrnehmung habe ich geschrieben, ein ganz wichtiges Thema beim Wandern. Man kann auch sagen:

**Wandern ist eine Tätigkeit der Beine** und **ein Zustand der Seele**

Wandern ist die natürliche Form der Entschleunigung.

Ich nehme das Tempo aus meinen Alltag und reduziere es auf das menschliche Maß. Das sind der Fuß, der Schritt, das sind 4 km pro Stunde.

Bei jedem Beginn einer Wanderung merken wir:

Die Eindrücke unseres täglichen Lebens werden blasser, vielleicht verschwinden sie.

## Wie wandere ich ohne unnötigen Kraftaufwand

Die Bilder und Eindrücke unserer Wanderung sind langsam und intensiv!

Es regnet. Ich werde nass oder die Sonne scheint, mir ist heiß. Der Boden unter meinen Füßen federt oder ist steinig. Aber er trägt mich. Auch auf meine Füße kann ich mich verlassen. Beide Beine halten mich!

Jeder Schritt ein neues Bild, ein neuer Duft, ich werde aufmerksam für Kleinigkeiten. Ein bunter Schmetterling, ein silberner Tautropfen, ein Vogelschrei!

Ich bin neugierig, werde offen für Unerwartetes.

Während einer Wanderung legen wir Vorräte verarbeitungsfähiger Eindrücke an.

Wir können auch lang danach noch davon zehren.

Mit Fotos und Berichten können wir diese Eindrücke nachhaltig gestalten. Doch die Basis von alldem ist die Achtsamkeit, mit der man unterwegs die laufenden Ereignisse und die Naturphänomene wahrnimmt, aufnimmt und speichert.

**Die Kunst des Wanderns besteht darin:**

Seine Pforten der Wahrnehmung möglichst weit zu öffnen.

Übrigens, nicht nur mental, sondern auch körperlich. Beim Wandern spüre ich, wie Füße und Beine mich tragen, wie ich locker voran schreite.

Ich spüre aber auch die körperliche Anstrengung, dass ich etwas geleistet habe. Und das ist gut so!! Unser Körper mag das!

Letztendlich ist das ganze Leben doch nichts anderes, als eine hoffentlich lange, gute und nicht zu schwere Wanderung

Mal geht es hinauf, mal hinab. Manchmal ist es leicht, wir wandern durch ein sonnenbeschienenes Tal. Hier stimmt alles: Kein Wind, es ist leicht zu gehen, nicht zu warm und nicht zu kalt.

Doch plötzlich kommt man an eine tiefe Schlucht, wir müssen hinunter, denn der Weg führt hindurch.

Jetzt heißt es besonders aufzupassen! Achtgeben! Dieses Teilstück kann sehr schwer werden, man darf nicht zu tief hineinschlittern oder sich gar verletzen.

Dort unten scheint keine Sonne, es ist dunkel und kalt, unser Weg hat keinen Halt. Unter Umständen verlieren wir die Bodenhaftung. Es ist vielleicht sehr schwer, wieder hinauf zu kommen. Und doch geht es, denn wer aufpasst, findet den Weg wieder hinaus und hinauf.

Als nächstes erwartet uns vielleicht, nein ganz bestimmt, ein sehr schwerer Anstieg. Auch dieser muss bewältigt werden, er ist steil und steinig, immer wieder geht es ein Stück hinunter. Manches Mal müssen wir Geröll zur Seite räumen oder einen Umweg laufen, um weiter zu kommen. Jetzt ist es gut zu wissen, dass am Ende der Gipfel mit seiner Aussicht auf uns wartet. Und hier, auf dem Gipfel sind wir stolz über das was wir geschafft haben. Egal ob es ein Aufstieg im Bergigen oder eine andere schwierige Aufgabe war. Dahinter aber, geht es mit großer Wahrscheinlichkeit wieder hinab. Und so ist es im Leben, wie beim Wandern, ein stetes Auf und ab.

Gut für den, der in allen Lebenslagen Haltung bewahrt, den Kopf nicht hängen lässt und seine Wahrnehmungsfähigkeit als wichtiges Sinnesorgan geschult hat.

**Trainingstipps für die nächste Woche:**

Bei der Ausführung der Übungen beachten Sie bitte Folgendes:

- Gleichmäßig weiteratmen

- Auf die Körperhaltung achten

- Die Übungen langsam und schmerzfrei durchführen

- Niemals ein Hohlkreuz machen

- Die einzelnen Übungen sollten zwar an einem Stück durchgeführt werden, aber Sie können sie über den Tag verteilt absolvieren. Jede Übung bitte jeden Tag durchführen!

- Auf die Qualität der Ausführung achten

1. Gehen Sie in Ihrem Tempo 10 x an einem Stück, das darf auch langsam sein, ein Stockwerk hinauf und wieder hinunter. Bei Unsicherheit halten Sie die Hand in der Nähe des Treppengeländers, aber halten Sie sich nicht fest. Sie dürfen zwischendurch ruhig mal Luft holen, besser ist aber, dass Sie in dem Tempo gehen, welches Ihnen erlaubt, 10 Stockwerke durchzuhalten

2. Beim morgendlichen Zähneputzen, nützen Sie die Zeit und wippen 100mal leicht in den Knien. Gerade stehen, Oberschenkel und Po anspannen, aber locker bleiben. Fußspitzen und Knie zeigen nach vorne.

3. Stellen Sie sich hinter einen Stuhl. Halten Sie sich an der Stuhllehne fest und strecken Sie ein Bein 50 x gerade leicht nach hinten. Sie sollten den Po bei dieser Übung spüren, aber die Bewegung nicht zu weit nach hinten führen
Auch hierbei gerade stehen!

4. Stellen Sie sich vor eine Wand oder einen Schrank und legen die Handflächen in Schulterhöhe daran. Nun gehen Sie mit den Füßen soweit zurück, dass sich die Hände nicht lösen, aber der Arm streckt sich dabei. Ähnlich wie beim Liegestütz, bewegen Sie nun Ihren Körper in Richtung Wand, Ihre Arme werden dabei angewinkelt und Sie drücken den Körper mit der Kraft Ihrer Arme wieder zurück. Je weiter Sie mit den Füßen von der Wand
weg stehen, desto schwieriger wird die Übung, 2 x10 Wiederholungen.

5. Setzen Sie sich mit geradem Rücken auf eine Stuhlkante, nicht anlehnen. Ein Bein waagerecht anheben und mit angezogenem Fuß in kleinen Bewegungen 25 x auf und ab wippen. Seite wechseln. Beim 2. Durchgang den Fuß strecken. Ebenfalls 25 mal pro Seite.

# Eigene Notizen

# Eigene Notizen

# Kapitel 2

## *Ausrüstung*

- *Welche Anschaffungen sind sinnvoll?*

Was brauche ich wirklich? Zuerst sind da natürlich die **Wanderschuhe**. Sie sind das A und O! Ein schlechter Schuh und die schönste Wanderung kann zur Qual werden.

Hier gilt eine gute Passform, der Schuh muss nicht nur breit genug sein, wichtig ist auch die Länge. Wie Sie nun sicherlich schon bemerkt haben, wird der Fuß beim Abrollen länger, und er darf auf keinen Fall vorne anstoßen.

Des Weiteren sollte der Schuh eine gute, rutschfeste Sohle haben. Hier ist Vorsicht geboten, denn auch viele Wanderschuhe der gehobenen Preisklasse sind nicht rutschfest! Vor allem auf Schiefergestein, bei Nässe und auf feuchten, moosigen Untergründen, hat das unangenehme Folgen. Bedenken Sie, dass das Profil der Wanderschuhe genauso der Sicherheit dient, wie das Profil eines Autoreifens.

Ebenfalls wichtig ist ein stabiler Schaft. Das gibt Sicherheit. Und sie sollten nicht zu schwer sein, da das Gewicht zu unnötiger Ermüdung führt. Zudem sollte der Schuh wasserundurchlässig und atmungsaktiv sein.

Lassen Sie sich beim Kauf der Schuhe in einem Fachgeschäft beraten, welches sich mit Outdoor Aktivitäten gut auskennt. Die „normale Schuhverkäuferin" hat dieses Wissen meist nicht. Vermeintliche Schnäppchen erweisen sich leider oft als Fehlkauf. Wenn Sie können, investieren Sie ein paar Euro mehr. Schließlich ist es der Schuh, der Ihnen Sicherheit und Komfort gibt.

**Die Kleidung:** Hier gilt natürlich, es gibt keine Regeln.

Aber, wer es ein wenig angenehmer mag, wählt **Funktionsbekleidung**.

## Ausrüstung

Bitte beachten Sie, dass alle Lagen, die Sie übereinander tragen, aus Funktionsmaterial bestehen sollten.

Was ist denn nun eigentlich Funktionsmaterial?

Natürlich schwitzt man auch darin. Doch die Feuchtigkeit wird von der Haut weg nach außen transportiert, das heißt: Wir sind sehr schnell wieder trocken und haben keine oder nur wenig Verdunstungskälte. Anders ausgedrückt: Wir stehen nicht so lange in durchgeschwitzten, nassen Sachen rum. Das funktioniert auch bei Regen, da diese Materialien sehr schnell trocknen.

Besteht aber nur eine Lage aus z.b. Baumwolle, bleibt diese lange nass, und das ist unangenehm. Auch Unterwäsche gibt es aus Funktionsmaterial. Dies hat zudem einen hohen Tragekomfort..

**Regenbekleidung** wählen Sie bitte auch aus Funktionsmaterial.

Das ist besonders wichtig, da Regenjacken früher nach dem Prinzip arbeiteten: kein Wasser rein und auch kein Wasser raus! Man ist dann in der Jacke teilweise so nass, dass man nicht mehr weiß, ob der Regen durchgedrungen ist oder ob es Schweiß ist.

Am besten ist Regenbekleidung mit einer Membrane, z.B. aus Goretex. Dies ist eine Schicht unter der Oberfläche, welche Wasser( Schweiß) von innen nach außen transportiert, aber kein Wasser (Regen) von außen nach innen durchdringen lässt.

Diese Schicht sollten Sie jedoch aufs Pfleglichste behandeln. Entsteht auch nur ein kleiner Riss, ist es vorbei mit der Dichtigkeit.

 Generell gilt: Je höher die angegebene Wassersäule, desto mehr Wasserdruck hält die Bekleidung aus. Um es genauer zu sagen:  Bei einer hohen Wassersäule bleibt das Material auch bei einem starken Regen dicht. Eine niedrige Wassersäule hält gerade mal einen leichten Nieselregen ab. Mit dieser Angabe ist also gemeint, mit welchem Druck der Regen auf die Bekleidung prasselt und wie viel Druck sie aushält.

**Aufgepasst:** Wasserabweisend und windabweisend ist nicht wasser- bzw. winddicht!!

Bei den **Wanderhosen** gilt das Gleiche. Hier ist zusätzlich noch wichtig, dass diese im Tragen sehr angenehm sind, keine störenden Nähte haben, meistens bi - elastisch und daher nicht einengen. Sie sind einfach total bequem und aus einem sehr schnell trocknenden Material.

Bei **Socken** unbedingt: Funktionsmaterial! Gerade, wenn die Füße schwitzen und nass werden, kann es zu einer Reibung zwischen Strumpf und Fuß kommen, sodass der nasse Strumpf unweigerlich scheuert. Das passiert bei allen Wollsocken! Socken aus Funktionsmaterial dagegen leiten die Feuchtigkeit vom Fuß weg. (Aber: Nur wenn der Schuh dies auch tut, funktioniert das!)

Zudem haben Wandersocken entsprechend gepolsterte Stellen.

Ein ganz persönlicher Tipp: Füße dick mit Vaseline, Melkfett oder Hirschtalg einreiben. Das ist zwar gewöhnungsbedürftig und fühlt sich anfangs etwas glitschig an, aber es kommt zu absolut keiner Reibung am Fuß. Dieser ist durch die Fettschicht sehr geschützt. Wichtig: Keine Cremes, nur Fette erfüllen diesen Schutz.

Die neuesten Funktionsmaterialien haben einen mehr oder weniger hohen Merinowollanteil. Dieser Anteil sorgt dafür, dass die Sachen nicht anfangen zu müffeln. Dieser Wollanteil ist angegeben und je höher er ist, desto kuscheliger und wärmer ist die Bekleidung. Bei den Socken empfehle ich für die Sommermonate 200g und für die kalte Zeit 400g.

Zum Preis lässt sich folgendes sagen, bei der Regenbekleidung lohnt sich ein tieferer Griff in den Geldbeutel, ebenso bei

## Ausrüstung

Schuhen, Socken und Rucksack. Die übrige Bekleidung sollte aus Funktionsmaterial sein. Hier gibt es gerade für Einsteiger schon günstige Ware. Ich persönlich würde mir eine gute, aber kleine Grundausstattung zulegen. Vor allem wenn man gerade erst mit dem Wandern anfängt. Wägen Sie ab: Kaufen Sie zu billig, verleidet es Ihnen unter Umständen diese wunderbare Betätigung oder Sie kaufen alles ein zweites Mal.

**Zwiebellook** kennt jeder und ist natürlich für lange Wanderungen das A und O.

**Wichtig:** Man ist dann richtig angezogen, wenn man zu Beginn, also beim Start leicht fröstelt. Wer das nicht mag, dem sollte aber auf jeden Fall nicht angenehm warm sein beim Starten. Läuft man schon wohlig warm los, kommt man sehr schnell ins Schwitzen; wenn man sich dann auszieht, ist es sofort zu kalt. Schwitzt man aber weiter, kommt es vielleicht zum Hitzestau! Das geht unmittelbar auf die Fitness, Kraft und Kreislauf.

**Kurze Hosen** im Sommer: Das ist zum einen Geschmackssache, zum anderen sollte man daran denken, dass Brennnesseln, Zecken und anderes Ungemach den Wanderweg kreuzen und unsere nackten Beine schön finden könnten, was sie ja meistens auch sind.

**Regenponchos,** sind bequem, da auch der Rucksack Platz darunter hat. Bedenken sollte man allerdings, dass der Wind sich darunter setzen kann. Im Gebirge könnte dies zu kritischen Situationen führen. Zudem sind sie weit, man kann auf engen Pfaden sehr leicht hängenbleiben. Unter Umständen kann der stoffreiche Poncho den Blick auf den Boden verdecken und zu Stürzen führen.

**Einwegponchos** sind empfehlenswert, auch wenn kein Regen angesagt ist. Für den Notfall hat man dann etwas dabei.

**Schirme:** Nun, das ist wirklich Geschmackssache auf einer Wanderung. Innerhalb einer Gruppe finde ich persönlich sie als sehr unangenehm. Zudem ist das ständige Hochhalten auch keine gute Körperhaltung. Zudem versperrt der Schirmträger dem hinten ihm Gehenden die Sicht auf z.b. den Wanderführer, der vielleicht etwas Wichtiges oder Interessantes zu berichten hat. Es gibt auch spezielle Wanderschirme, welche am Rucksack befestigt werden.

**Regenhüte und Südwester**: Die genialste und wohl praktischste Regenbekleidung. Der Kopf bleibt frei beweglich, beim Südwester ist auch der Nacken bedeckt. Beides gibt es aus atmungsaktivem Material.

**Trinkblase**: Ein nützliches Utensil, das man aber nicht unbedingt braucht. Eine gute Blase zeichnet sich durch eine leichte Reinigung aus. Diese und das anschließende Trocknen verhindern eine Schimmelpilzbildung. Der Vorteil liegt auf der Hand: Man kann während der ganzen Wanderung kleine Schlucke trinken, ohne ständig an den Rucksack zu müssen. Das ist vor allem bei Regenwanderungen und höheren Temperaturen ein nicht zu unterschätzender Vorteil.

**Der Rucksack, ist das nach den Schuhen wichtigste Ausrüstungsteil**

Erst einmal die Unterschiede: Es gibt **Multifunktionsrucksäcke**, welche leicht und klein sind, aber nur 2 Schulterriemen haben. Die Last zerrt an den Schultern, es ist fast unmöglich, eine gesunde Wanderhaltung einzunehmen.

Der **Wanderrucksack**: Dieser hat einen verstellbaren Brust- und Hüftgurt. Da die Last nun näher zum Körper rückt, wird sie schon besser verteilt.

Der **Trekkingrucksack**: Ähnlich dem Wanderrucksack, aber der Hüftgurt ist breiter und gepolstert. Zudem hat der Gurt oft noch kleine Taschen. Bei diesen Modellen steht ein Teil der Last im Prinzip auf den Hüften. Daher ist die Lastenverteilung noch um vieles besser als beim normalen Wanderrucksack. Die Trekkingrucksäcke gibt es auch als kleine Tagesrucksäcke mit 20l Inhalt. Bei einer Mehrtagestour sollten es schon ca. 30 l sein.

Darüber hinaus gibt es spezielle Damenmodelle. Diese sind im Hüft- und Schulterbereich anders geschnitten. Wichtig ist, dass der Rucksack anatomisch passt, eine Rückenbelüftung und eine gute Lastenverteilung hat, auch wenn mal mehr Gepäck mitgenommen werden muss. Die Taschenverteilung ist unterschiedlich, hier entscheidet man ganz individuell. Wichtig ist noch, dass er eine Regenhülle besitzt.

Mithilfe der verstellbaren Gurte sollten Sie den Sitz in aller Ruhe im Fachgeschäft ausprobieren. Auch hier gilt, wie bei den Schuhen: Ein guter Rucksack wird Sie über viel Jahre begleiten. Generell gilt, dass manches vermeintliche Schnäppchen sich als Fehlkauf entpuppt, und später nochmals gekauft und ersetzt wird.

**Rucksack richtig packen:** Der Schwerpunkt des Rucksacks sollte dicht am Körper und möglichst in Schulterhöhe liegen. So zieht er beim Tragen nicht nach hinten.
Leichte Gegenstände kommen ins Bodenfach, mittelschwere wie Kleidung nach oben. Kleinigkeiten sind im Deckelfach gut aufgehoben und schnell erreichbar.

Achten Sie generell auf eine gleichmäßige Gewichtsverteilung.

**Rucksack richtig aufsetzen:** Zuerst alle Riemen lockern, dann den Rucksack schultern. Als nächstes platzieren und schließen Sie die Hüftflossen. Die Mitte der Hüftflossen gehört auf die Höhe des Hüftkamms. Sitzt der Rucksack in den Hüften zu hoch, würde der Gurt den Bauch einschnüren, tiefer scheuern die Flossen beim Laufen in den Leisten. Das ist also sehr wichtig.

Wenn diese nun richtig sitzen, ziehen Sie die Schulterträger fest. Nicht zu stramm, denn die **Hauptlast wird mit dem Hüftgurt getragen.** Ein gut sitzender Rucksack zieht nicht im Schulterbereich! Nun können Sie den Brustgurt anpassen und schließen. Der Brustgurt ist höhenverstellbar und wenn er richtig sitzt beeinträchtigt er nicht die Atmung.

**Mitnahmeliste:**

Verpflegung: Am besten bestehend aus belegtem Vollkornbrot, Obst und Getränken, am besten Wasser.

Wetterentsprechender Schutz: Gegen Sonne, Regen, Wind, Kälte.

Kopfbedeckung, Sonnencremes, Mücken- und Zeckenabwehrspray, Sonnenbrillen, Handschuhe, Schal, bei Eisglätte evtl. Spikes.

Für den Notfall ein Erste-Hilfe-Set mit Pflaster, Blasenpflaster, Mullbinde, Jodtinktur, Zeckenzange. Ein Stift gegen Insektenstiche, Schmerztabletten und ein Handy sollten auch nicht fehlen. Persönlicher Notfallbedarf muss ebenso berücksichtigt werden: Allergien, Migräne, Diabetes, Herzerkrankung usw.

Kartenmaterial, evtl. Informationsmaterial,

Gute Wanderkarten haben den Maßstab 1:25.000!

Natürlich gehören die persönlichen Papiere und Geld genauso dazu, wie eine Notfalltelefonnummer und evtl. ein Hinweis auf besondere Erkrankungen und benötigte Medikamente.

Vielleicht ist auch Ersatzwäsche nötig, z.B. ein zweites T-Shirt und ein paar Ersatzsocken, für den Fall, dass Sie sehr nass geworden sind. Nicht fehlen sollten außerdem Müllbeutel für den eigenen Abfall, ein halber Liter stilles Wasser als Reserve (kann man auch sehr gut gebrauchen, wenn man z.B. mal Wunden auswaschen muss) und ein Jagdmesser, bzw. Schweitzer Messer.

Gute Dienste können auch ein paar große Sicherheitsnadeln erfüllen. Ebenfalls sollte eine Sitzunterlage nicht vergessen werden. Dann vielleicht noch 1 oder 2 kleine Tütchen, vielleicht möchte man ja etwas mit nach Hause nehmen. Natürlich nichts, was unter Naturschutz steht!

Und mein persönlicher Tipp: Fotoapparat nicht vergessen!!!!

**Unsere Ausrüstung: Was brauchen wir wirklich?**

Dies ist eine Frage, die wir uns immer wieder und in jeder Hinsicht stellen.

Und ja, sie ist sehr schwer zu beantworten. Das Meiste, wovon wir denken, dass wir es brauchen, wird uns doch von der Industrie eingebläut. Dazu kommt, dass uns alle Dinge rund um die Uhr zur Verfügung stehen.

Was brauche ich wirklich, bedeutet herauszufinden, in welchem Maße tun mir Dinge, die ich käuflich erwerben kann, gut.

Wie viel davon brauche ich? Denn wenn ich mir nicht sicher bin, kaufe ich nicht nur ein Teil, sondern im nächsten Laden ein zweites gleich dazu. Die Unsicherheit wird aber beim zweiten Einkauf nicht geringer! Im Gegenteil, im dritten Laden kaufe ich wieder, usw.....

Bin ich mit mir selber nicht ganz im Reinen oder habe ich Bedürfnisse, die nicht befriedigt werden, kaufe ich auch mehr. Dieses Kaufen, Konsumieren, Horten und Anschaffen ist tatsächlich eine Art von Befriedigung. Je mehr ich kaufe, desto mehr Zufriedenheit erwarte ich. Unbewusst möchten wir damit Löcher füllen.

Viele Menschen arbeiten sehr viel, leiden unter Stress und Druck. Vielleicht verdienen sie viel Geld? Dann gehen sie hin und kaufen, denn sie wollen sich für all ihre Arbeitsmühe belohnen.

Wenn man zu viel hat, will man vielleicht eines Morgens raus zum Wandern und steht vor seinem Schrank und weiß gar nicht, welches der 15 Funktionsshirts, aus allerneuestem Material man denn anziehen soll.

Letztendlich ist man dann nicht glücklicher und zufriedener, als derjenige der eine kleine Grundausstattung hat. Dieser nämlich verbringt nicht viel Zeit vor seinem Kleiderschrank, aber vor allem hadert er nicht stundenlang mit sich, ob er nicht doch besser das Eine oder das Andere angezogen hätte. Er nimmt das, was er hat. Derjenige aber, der viel zu viel hat, verbringt unter Umständen nicht nur eine große Zeit mit der Wahl, sondern hadert oft den ganzen Tag mit sich, dass er doch die falsche Wahl getroffen hat.

Glauben Sie mir: Ich habe auf Touren schon endlose Monologe von Wandern genau über diese „falsche Wahl" gehört. Sie sind dann so mit der angeblich misslungenen Auswahl ihres Shirts oder ähnlichem beschäftigt, dass sie die Schönheit der Natur kaum wahrnehmen.

Natürlich sind all die Sachen, die ich oben aufgezählt habe mehr oder weniger sinnvoll.

Gute Schuhe: Sie geben uns Sicherheit, gute Regenbekleidung kann sogar eine Regenwanderung zu einem schönen Erlebnis machen, eine vernünftige Wetterjacke und Funktionsbekleidung sind sehr angenehm und unterstützen uns, den Tag als wundervoll zu erleben.

Warum sollte man sich auch dem Fortschritt, denn gute Bekleidung ist ja nichts anderes als ein Fortschritt, verwehren.

Weniger ist auch hier Mehr! Eine gute Ausrüstung! Das reicht!

Wir wollen den Fortschritt anwenden und genießen, aber wir sollten uns nicht von den Medien verleiten lassen, immer mehr zu konsumieren. Die Industrie hat nicht unser Wohlergehen vor Augen, sondern ihre Einnahmen, ihre Umsätze.

Doch jeder kann nur für sich selber herausfinden, wovon er wie viel in seinem Leben braucht. Hat man dies herausgefunden, ist es wichtig dafür zu sorgen, dass genau diese Bedürfnisse erfüllt werden. Denn nur, wer weiß was er braucht, kann dafür sorgen, dass er es bekommt. Hier ist es nun egal, ob es ein passendes

T-Shirt oder eher der Wunsch nach Nähe oder andere Bedürfnis ist.

Packen Sie also Ihre Sachen, Ihren Rucksack und gehen Sie wandern. Denn gerade beim gleichmäßigen Wandertempo können solche Fragen oft beantwortet werden.

Und hier bin ich auch schon beim Rucksack. Dieser muss, wie in der Aufstellung beschrieben unbedingt zu einem selber passen. Fachliche Beratung ist wichtig. Wenn der Rucksack richtig bepackt ist und richtig sitzt, ist dieser keine Last. Und auch größeres Gepäck kann problemlos mehrere Stunden getragen werden.

So sollte es sein, doch der Rucksack und seine Last lässt manch einen schwer tragen!

Der Eine läuft auch mit schwerem Gepäck aufrecht und munter voran, der Andere, mit dem gleich schweren Gepäck, schleppt sich vornüber gebeugt, als würde er eine riesengroße Laste tragen, mühsam voran.

Oder anders betrachtet: zwei Menschen mit demselben äußeren, aber ganz unterschiedlichem inneren Gepäck. Beim Ersten wiegt die Lebenslast extrem schwer, lässt ihn fast zu Boden gehen. Der Zweite geht unter der gleichen Last aber nicht in die Knie.

Das hat sehr viel mit der Bewertung seiner Last zu tun. Die Einstellung „Ich schaffe das" erleichtert die Last. Schon die Frage: „Hoffentlich schaffe ich das?" kann dazu führen, das es viel schwerer wird, als es sollte. Auf Wanderungen kann diese „Haltung" bei den Menschen sehr gut beobachtet werden.

Ich selber habe folgende Erfahrung gemacht: Wenn es schwer wird, egal ob im Leben oder auf einer Wanderung, egal ob ich ein Tagesgepäck oder ein Mehrtagesgepäck auf meinem Rücken habe; Wenn ich denke die Last drückt mich zu Boden, dann habe ich mir angewöhnt: „Jetzt erst recht!"

Den Oberkörper aufgerichtet, der Kopf und der Hals sind keine Last, meine Füße tragen mich, ich vertraue auf mich.

Die Wirkung ist enorm, denn schon beim bewussten Aufrichten geht eine Art Befreiung durch den Körper, ein „Ja, ich kann das Schaffen". Es ist ein Hoffen. Glauben Sie mir und probieren Sie es aus. Es wird leichter! Das funktioniert wunderbar beim Wandern, vor allem wenn es bergauf geht.

Aber das Beste ist, dass man sich diese Einstellung antrainieren kann und sie funktioniert auch mit der ganz alltäglichen Lebenslast! Und wenn sie doch einmal versagt, richte ich mich einfach wieder auf und fange von vorne an.

Übrigens: Ein Psychologe hat mir mal gesagt, dass wir Menschen, alles was wir nicht richtig verarbeitet haben, unbewusst in unserem Lebensrucksack verschwinden lassen. Ganz tief unten liegen dann diese Erinnerungen und Lasten. Und wer das ständig macht, hat irgendwann einen Rucksack, welcher auf Dauer für ihn untragbar wird. Er ist schlicht und einfach zu schwer.

Ähnliches habe ich auf Wanderungen mit anderen Menschen beobachtet. Da werden Dinge mit herum geschleppt, wovon der Träger schon gar keine Kenntnis mehr hat.

Also, schaffen Sie sich nicht zu viel an, unterliegen Sie nicht dem allgemeinen Konsumtrend. Tragen Sie nicht zu schwer an Ihrer Last und packen Sie Ihren Rucksack richtig ein, aber auch immer wieder mal ganz aus.

Ausrüstung　　　　　　　　　41

**Trainingstipps für die nächste Woche:**

Bei der Ausführung der Übungen beachten Sie bitte Folgendes:

- Gleichmäßig weiteratmen

- Auf die Körperhaltung achten

- Die Übungen langsam und schmerzfrei durchführen

- Niemals ein Hohlkreuz machen

- Die einzelnen Übungen sollten zwar an einem Stück durchgeführt werden, aber sie können sie über den Tag verteilt absolvieren. Jede Übung bitte jeden Tag durchführen!

- Auf die Qualität der Ausführung achten

1.) 10 x ein Stockwerk hinauf und hinuntergehen, Tempo angepasst, wenn es geht ab und zu jede 2. Stufe nehmen

2.) Legen Sie sich auf den Rücken und strecken die Beine lang aus. Die Füße im Wechsel strecken und anziehen. Nur die Füße! Die Beine bleiben ruhig und entspannt liegen. Schön langsam, auf jeder Seite 30 – 40 Wiederholungen

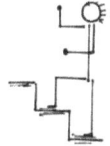

3.) Aufrecht stehen, die Arme in Brusthöhe zur Seite ausstrecken und anwinkeln. Nun mit aller Kraft und scheinbarem Gewicht nach oben strecken und wieder bis Schulterhöhe herunter ziehen. Als wenn Sie etwas Schweres nach unten ziehen müssen, Spannung halten. 30 – 50 Wiederholungen

4.) Wer kann, macht Kniebeugen. Aber schön langsam: beim Hinuntergehen bis 5 zählen und beim Hochkommen ebenfalls bis 5 zählen. Das heißt Sie gehen, während Sie langsam bis 5 zählen, in die Beuge und richten sich genau so langsam wieder auf. Wer dies nicht kann, nimmt einen Stuhl zur Hilfe.
10 Wiederholungen.

5.) In Rückenlage langsam Fahrradfahren. 1 Minute

# **Eigene Notizen**

# Eigene Notizen

# Kapitel 3

## *Auswirkung des Wanderns und des Aufenthaltes in der Natur auf meine Psyche*

**andern ist ein Stresskiller!**

In den ersten beiden Kapiteln haben wir ja schon gelernt, wie wir mit weniger Muskeleinsatz einfacher wandern können und was wir benötigen.

Grundsätzlich: Wandern entschleunigt!

Durch das rhythmische und tiefe Atmen stellt sich eine wohltuende Grundstimmung ein. Wandern ist bewusstes Genießen, es gibt Freude an den natürlichen und einfachen Dingen des Lebens.

Bei der Bewegung in der Natur erhöht der Körper die Produktion stimmungsaufhellender Hormone und wir bauen die in den Muskeln angesammelten Stresshormone ab. Forscher haben je eine Gruppe Läufer und Wanderer darauf hin untersucht und die Wanderer schnitten weitaus besser ab.

Andere Studien sagen sogar, dass die Natureindrücke beim Wandern am intensivsten sind. Wenn man sie in Ruhestellung betrachtet, nimmt die Wahrnehmung nach einiger Zeit ab. Bei schnellerer Bewegung verlagern sich die Eindrücke auf den Körper.

Diese Erkenntnis haben sich auch die Psychologen zunutze gemacht. Bei der Behandlung von Stress, Depressionen und Angstzuständen wird das Wandern immer öfter zum Therapiebaustein.

Aber wenn wir von all diesen Erkenntnissen profitieren wollen, ist es ist wichtig, dass wir am Ball bleiben.

Setzen Sie bei Ihrer nächsten Wanderung das Gelesene der letzten Kapitel um und versuchen Sie gleichzeitig die Natur und sich selber wahrzunehmen. Dazu hilft, wie schon in Kapitel 1 beschrieben, vor dem Wanderstart folgendes:

Stellen sie Ihre Füße locker nebeneinander. Kommen Sie innerlich zur Ruhe.

Atmen Sie einige Male tief durch und bleiben Sie bei sich!

Und nun, beim Losgehen: Die Füße rollen ab, die Beine sind im Knie ein wenig gebeugt, der Oberkörper ist gerade, wir haben kein Hohlkreuz. Das Brustbein zieht uns zum Ziel! Die Schultern sind entspannt und gerade, der Kopf ruht locker in der Mitte. Die Armen pendeln bei jedem Schritt vor und zurück, sie geben uns Tempo.

Sie können diese Einleitungsübung auch vor dem Weiterlesen machen und nehmen sich selber auch jetzt ganz bewusst wahr:

**Denn Sie sind der Mittelpunkt!**

Wandern ist Wellnessaktivität! Wir kommen zur Ruhe, unser Körper leistet etwas ohne sich zu überanstrengen. Die Gedanken kommen zur Ruhe, unser Blick schweift, der Körper und die Muskulatur entspannen, obwohl wir uns bewegen! Wir sehen wunderschöne Dinge, wir sind unterwegs und fühlen uns stark!

Aber warum? Was, außer der Bewegung und die dadurch vermehrt ausgeschütteten Hormone, passiert da mit uns?

Es passiert eine ganze Menge, wovon ich nun berichten möchte.

## 1.) Vielfalt des Lebendigen

In der Natur erleben wir eine große Vielfalt an Formen, Farben und Lebensweisen. Es gibt kein Blatt, das dem anderen gleicht, es gibt keine Uninformiertheit.

In der Natur sehen wir einen alten, verkrüppelten Baum. Wir finden ihn schön! Bei uns Menschen müssen wir da noch umlernen. Wir wollen alle irgendwie gleich aussehen, uniformiert sein.

Keiner sagt über den alten verkrüppelten Mann von nebenan an: Guck mal, Wahnsinn, ist der schön!

Auf uns Menschen übertragen, bedeutet das also, wir sind unterschiedlich und wir sind schön, egal wie wir aussehen.

## 2.) Zuhören und Hinsehen

In der Natur lernen wir besser als irgendwo anders: hinzusehen und hinzuhören! Die Pflanzen, der Wald und seine Stille. Die Regentropfen der letzten Schauer, die von den Bäumen tropfen, die Stille des Waldes. Die Weite in den Bergen, Vogelstimmen und andere Tiergeräusche und vieles, vieles mehr....

## 3.) Schönheit und Verletzlichkeit

Die Natur bietet die Möglichkeit, eine für uns lebenswichtige Fähigkeit wieder zu erwecken. Die Wahrnehmungsfähigkeit!

Bei Spaziergängen und Tourismus existiert mehr das Oberflächige, die Unterhaltung, das Konsumieren.

Hier draußen aber, wenn wir es zulassen, gelingt es uns die kleinen Dinge zu sehen: Tautropfen, kleinste Gräser und Blüten, Spinnweben. Aber wir sehen auch die Verletzlichkeit dieser kleinen Dinge. Ein Windhauch, eine Regenschauer und es ist vorbei.

Nehme Sie folgenden Tipp mit auf die nächste Wanderung: Achten Sie immer wieder ganz bewusst auf sich und die Natur. Auch wenn Sie in Gesprächen versunken sind, holen Sie sich zurück und in die Natur

**4.) Sinneserfahrung**

Unser heutiges Leben ist schnell, laut, vollgepackt mit einer schier unermesslichen Flut an Informationen. Wir leiden an einer Überflutung mit künstlichen Reizen. Aber der Mensch braucht Sinneserfahrungen, wie sie nur die Natur bietet. Hören, schmecken, riechen, sehen, fühlen. Das ist für eine gesunde Entwicklung wichtig.

Seit einiger Zeit wird Achtsamkeit gelehrt. Die Menschen geben viel Geld aus, um in Kursen wieder sich selber zu spüren, sich selber wahrzunehmen. Wenn Sie in der Natur, in der Bewegung aufhören, auf andere zu hören, fangen Sie vielleicht an, auf sich zu hören. Hier draußen gibt es keine Ablenkung!

Hier zählt die Natur und Sie selber.

**5.) Seins-Erfahrung**

Wir sind heute so behütet! Im Winter haben wir es schön warm. Im Sommer kühlen wir mit Klimaanlagen. Wir müssen nicht durch Wind und Wetter, wir gehen auch nicht mehr mit der Sonne zu Bett, bzw. stehen mit ihr auf.

Hier draußen aber, ist alles anders. Wir spüren Kälte, Regen, Sonne und Hitze.

Wir schwitzen, unsere Beine werden schwer. Der nächste Anstieg kommt bestimmt. Kurz und gut: Wir spüren uns!! Und das tut uns gut!!! Beim Wandern werden wir gefordert. Manches Mal auch ein bisschen mehr. Das gibt nicht nur Muskelkraft, sondern auch Vertrauen in sich selber. Ich kann das, ich schaffe das (Kapitel Motivation).

## 6.) Geborgen im Sein

Auf meiner Prüfung zum Wanderführer wurde ich gefragt: Was ist denn nun eigentlich Natur?

Antwort: Jeder von uns ist ein Stück Natur, jeder von uns ein Wunder! Wir müssen uns unser Dasein nicht verdienen! Wir sind da, ohne Taten vollbracht, Geld oder Anerkennung verdient zu haben. Durch einen natürlichen Prozess sind wir mittendrin in der Natur. Die Natur nimmt uns so, wie wir sind. Das kann Basis für ein tiefes Vertrauen im Leben und in uns selber sein.

Der Mensch ist es, der immer alles verändern will!

## 7.) Wahrnehmung für innerseelische Prozesse

Viele innerseelische Prozesse laufen analog zu Vorgängen in der Natur ab. Wachsen, reifen, altern, entladen, fließen!

Die Jahreszeiten Frühling, Sommer, Herbst und Winter sind beim Menschen gleich.

Diese bewusste Wahrnehmung kann uns dabei helfen, dass uns Vorgänge der eigenen Seele bewusst werden und wir diese besser verarbeiten können.

Aber vor allem können wir lernen, diese immer wiederkehrenden Prozesse einfach nur anzunehmen. Akzeptieren und fließen lassen. Nicht immer verändern wollen, was doch natürlich ist.

## 8.) Wahrnehmungen der Zeit

Im Leben unterliegt alles einem Rhythmus: Tageszeiten, Jahreszeiten

Es gibt die Zeit der Stille und die Zeit des Erwachens. In der Natur erleben wir das ganz nahe, die ersten Grashalme erfreuen uns, wir fühlen uns lebendig, voller Erwartung. Alles wird gut! Im Sommer glauben wir, es geht nie zu Ende. Wir sind in Hochstimmung. Der Herbst stimmt uns nachdenklich und im Winter halten wir inne.

Doch manchmal ist alles durcheinander: Die Herbststürme kommen schon im Frühjahr, ein Kind muss früh erwachsen werden. Bei mach einem kommt der Winter und damit das Abschiednehmen viel zu früh. Die Lebenszeit hat, genau wie die Jahreszeiten, keinen gradlinigen Verlauf.

Die Erkenntnis, dass das überall in der Natur so ist, tut uns gut und lässt neue Gedanken reifen.


## 9.) Leben und Tod

Die beiden sind in der Natur allgegenwärtig. An den eigenen Tod zu denken, bedeutet sich einzugestehen, dass unsere Lebenszeit auch begrenzt ist. Wir stellen uns der Frage:" Setzen wir die richtigen Prioritäten im Leben?"

Heute wird uns ständig vorgespiegelt: Hauptsache Spaß, an morgen brauchen wir nicht denken!

Die Frage: „Was ist mir wirklich wichtig im Leben?" wird aber damit zugedeckt. Und manch einer beantwortet sie für sich zu spät!

Ein Professor hat einmal gesagt: „ In der letzten Lebensstunde wird kein Mensch sagen, ach; wäre ich doch damals eine Stunde länger im Büro geblieben".

## 10.) Ehrfurcht vor dem Leben

Und so entwickelt sich aus all diesen Punkten ein Gefühl für den Wert des Lebens, seiner Schönheit und Lebendigkeit, aber auch seiner Bedrohtheit und seiner Verletzlichkeit.

Und das gilt für das Leben in der ganzen Natur und somit auch für jeden einzelnen von uns. Denn jeder von uns ist wichtig, ist Natur und erfüllt dort, wo er seinen Platz im Leben bekommen hat, auch seinen Sinn.

Schon viele konnten auf einer langen Wanderung wieder zu sich selber finden, herausfinden wo sie hingehören oder wie es weitergeht. Und das können wir alle, wenn wir häufig in der Natur unterwegs sind.

Übrigens ein Prozess, der ganz von alleine kommt, wenn wir ihm den Raum geben.

Wenn wir natürlich auf einer 5 Stunden Wanderung nur mit unserem Begleiter Themen besprechen, die mit dem Hier und Jetzt nichts zu tun haben, funktioniert es nicht. Wenn Sie z.B. in einem wunderschönen Wald unterwegs sind und reden die ganze Zeit von Ihrem letzten Urlaub, sind Sie nicht wirklich in diesem wunderschönen Wald, sondern Sie verweilen an Ihrem letzten Urlaubsort.

Dazu möchte ich auch noch eine chinesische Weisheit loswerden: Wer seinen Ärger ständig neu bespricht oder darüber nachdenkt, tut das Gleiche als würde er glühende Kohlen in den Handflächen tragen. Sie glimmen und brennen dann sehr lange.

Natürlich will man sich Mal jemanden mitteilen, Verständnis und auch Ratschläge hören.

Doch auf einer schönen Wanderung sollte man ganz bewusst, für eine Zeitlang, Abschied nehmen von Problemen und Ärger. Man sollte sich die Zeit nehmen, den Kopf frei werden zu lassen!

Wenn Sie Ihrem Begleiter ständig von Ihren Problemen, Ärger und Krankheiten berichten, öffnen Sie sich nicht der Natur, sondern bleiben den ganzen Tag in Ihrem eigenen Ärger oder Problem gefangen!

Loslassen lernen, sich der Natur hingeben, dem Rhythmus der gleichmäßigen Schritte hingeben, riechen, fühlen, sehen……..

Seitdem ich ständig wandere haben sich unbewusst, einige meiner Anschauungen verändert, meine Leben ist irgendwie ausgeglichener, langsamer, bewusster geworden.

In der Natur gibt es sehr viel, was sich auf uns Menschen anwenden lässt.

Beobachten Sie einen Baum im Wind oder Sturm und beobachten Sie einen Menschen in Stresszeiten. Egal, ob der Stress aus Beruf, Krankheiten oder etwas anderem entsteht.

Die weichen, nachgiebigen Bäume biegen sich und richten sich nach einem Sturm wieder auf. Die harten, starren Bäume dagegen brechen. Das ist beim Menschen ähnlich.

Die Tao Lehre sagt sogar: Schlag nicht zurück, leiste keinen Widerstand. Neige Dich und schwanke, solange bis der Feind sich an Deiner Nachgiebigkeit und nicht am Wiederstand erschöpft hat.

Natürlich schmerzt dieses "sich biegen". Doch wenn der Sturm vorüber ist, kann ich mich wieder aufrichten. Zuerst ein wenig benommen und erschöpft. Doch dann kommt die Erkenntnis, ich habe es geschafft! Und ich bin stolz und stark geworden. Ich stehe aufrecht und freue mich, dass der Sturm vorüber gezogen ist.

**Auch die Farben des Waldes sprechen unsere Sinne an!**

Wenn wir im Herbst, bzw. im Winter in den Wald gehen, ist es hier viel heller, als im Sommer. Na klar, denkt jetzt jeder, was ist denn daran besonderes?

Und es gibt etwas ganz Besonderes!

Zuerst einmal der Unterschied: Im Sommer herrschen Grün und Brauntöne vor, im Herbst oder Winter sehen wir aber ein ganz anderes Spektrum.

Natürlich ist da die Herbstverfärbung, aber im Herbst, bzw. im Winter ist das Kronendach der Bäume lichter und lässt von oben Tageslicht mit Weiß-, Blau- und Rottönen einfallen. Diese wiederum lassen die anderen Farben aufleben.

Vor allem mischen sich die Farben zu abertausenden Nuancen und Schattierungen. Und die meisten von Ihnen kennen das Gefühl, in einen Herbst- oder Frühwinterwald einzutauchen: Irgendwie ein AHA – Erlebnis! Er ist ein großer Unterschied zum Sommerwald mit seinen Grüntönen.

Psychologisch gesehen ist dies auch ein Gefühl der Befreiung: „Ach, endlich wieder Licht". Und das hat seinen Grund darin, dass der Mensch sich nach **abwechslungsreichem** Licht sehnt!

Aber nicht nur das Licht sollte abwechslungsreich sein. Wenn wir uns zu lange in der gleichen Umgebung aufhalten, steht uns der Sinn nach Neuem. Ein Himmel, der stets strahlt, eine gleichförmige Bewölkung oder ein stets gleicher Wald, rauben uns die **visuelle Vielfalt**. Das bedeutet: Eine Langeweile der Sinne tritt ein. Und diese würden auf kurz oder lang verkümmern.

Und damit auch unsere Wahrnehmungsfähigkeit.

Die Natur, wenn wir sie bewusst aufnehmen, lehrt uns Achtsamkeit. Sie trainiert unsere Wahrnehmungsfähigkeit und macht uns dadurch stärker und belastbarer für all die kleinen oder großen Widrigkeiten des Lebens.

**Hier noch eine wunderschöne Wurzelgeschichte die ich in einer Ausstellung gefunden habe und die, wie ich meine, auch auf den Menschen übertragbar ist.**

Bin ich nicht schön, ich alte Wurzel?

Meine Arme haben sich verrenkt, im Laufe der Jahre habe ich mich verbogen.

Als ich jung war, war ich schnurgerade.

Ich konnte meine Arme ins Erdreich stecken, ich konnte nach Wasser greifen, ich erfand Umwege, um das Wasser für meinen Baumstamm zu finden. Mir war nichts zu viel.

Doch – ich spürte auch Widerstand. Ich habe mit meinen zarten Wurzelarmen manchen harten Stein umklammert und überwunden.

Sie gaben mir Halt, damit ich die Last des Stammes tragen konnte, wenn der Sturm durch den Wald fegte.

Jahrhunderte war ich im Dunklen verborgen. Mein Leben war unter der Erde. Ich war wie tot, doch ich lebte.

Irgendjemand hat gemacht, dass ich ans Licht komme.

Bin ich hässlich, weil ich alt bin?

Ich habe das Meinige getan. Jahrelang verborgen, jetzt bin ich am Licht.

Vielleicht verstehen Sie es, wenn sie auf mich schauen:

Ein wenig flexibel bleiben, nachgeben können und nach der Tiefe suchen, um Lasten tragen zu können.

**Trainingstipps für die nächste Woche:**

Bei der Ausführung der Übungen beachten Sie bitte Folgendes:

- Gleichmäßig weiteratmen

- Auf die Körperhaltung achten

- Die Übungen langsam und schmerzfrei durchführen

- Niemals ein Hohlkreuz machen

- Die einzelnen Übungen sollten zwar an einem Stück durchgeführt werden, aber sie können sie über den Tag verteilt absolvieren. Jede Übung bitte jeden Tag durchführen!

- Auf die Qualität der Ausführung achten

1.) 10mal ein Stockwerk hinauf und hinunter gehen. Das Tempo in dieser Woche weiter ein wenig anpassen und ab und zu nur jede 2. Stufe nehmen.

2.) Stellen Sie sich aufrecht hin und strecken Sie die Arme seitlich und in Schulterhöhe waagerecht aus. Nun die Unterarme nach oben führen, sodass der Arm angewinkelt ist. Die Schultern bleiben ganz gerade. Nun die Arme aus dieser Position mit Kraft vorne vor dem Körper zusammen führen, bis sich die Arme an den Unterarmen berühren und wieder zur Seite. Die Muskelspannung die ganze Zeit halten!
10 Wiederholungen

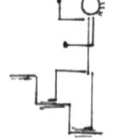

3.) Auf einem Bein stehen, das andere nach hinten anwinkeln. Dabei wird der Unterschenkel Richtung Pobacken aufgerichtet. Leicht in den Knien nach unten wippen. Nur kleine Bewegungen, die Spannung ist im Oberschenkel und nicht im Knie! Seite wechseln, je 30 Wiederholungen

4.) Legen Sie sich auf den Rücken und strecken die Beine gerade aus. Die Beine nicht nach hinten durchstrecken! Nun spannen Sie die Oberschenkel fest an, halten die Spannung einige Sekunden und lassen wieder locker. Je Seite 25 – 50 Wiederholungen.

5.) Stellen Sie sich aufrecht hin. Die Beine stehen hüftweit auseinander. Nun das Gewicht auf ein Bein verlagern und 8 Sekunden halten. Mit einem großen Wiegeschritt das Gewicht auf das andere Bein verlagern und ebenso 8 Sekunden halten. Je Bein 8 Wiederholungen.

# Eigene Notizen

# Kapitel 4

## *DU bist was DU isst!*

- *Ernährung*
- *Mineralhaushalt*
- *gesunde Pausen*

Ernährungsratgeber gibt es unendlich viele. Ich möchte mich dort nicht einreihen, sondern Ihnen in diesem Kapitel die Ratschläge geben, mit deren Hilfe ich zu einem gesunden, leistungsfähigen Menschen wurde.

Ich habe keine Gewichtsprobleme und bin durch das Beherzigen verschiedener Tipps sehr leistungsfähig und ausdauernd geworden. Und das, obwohl ich selber leider die Erfahrung vieler Erkrankungen machen musste.

„Du bist was Du isst!" So lautete schon im antiken Griechenland ein altes Sprichwort, welches auch heute zutrifft.

Beim Wandern gelten generell, so liest man immer wieder, „ausgewogene Mahlzeiten". Doch das ist mir zu pauschal. Ich habe ein wenig experimentiert und einiges herausgefunden. Die Menschen, denen ich diese Erkenntnisse weitergegeben habe, konnten ebenfalls von einem positiven Ergebnis berichten.

Durch die richtige Wahl der Lebensmittel, können wir nämlich unser Leistungsvermögen und unser Wohlbefinden steigern.

Was ich Ihnen hier nun aufzähle, bezieht sich auf eine größere Wanderung oder eine andere kräftezehrende, sportliche Herausforderung

**Der Energiehaushalt**

Am Abend oder am Tag vorher kann man sich schon sehr gut auf eine größere Belastung einstellen. Dazu gehören **komplexe Kohlenhydrate:** Nudeln – Reis – Kartoffeln – Vollkornbrot

Diese werden langsam verdaut. Hierdurch hat der Körper eine kontinuierliche Versorgung mit Energie.

Auch beim Frühstück und bei den Zwischenmahlzeiten sollten diese Lebensmittel gegessen werden.

Schlecht sind immer **einfache Kohlenhydrate** z.B.: alles was Zucker enthält – Fruchtsäfte – Kuchen und Backwaren aus weißem Mehl – auch das so beliebte Toastbrot oder normale Brötchen – Schokolade und andere Süßwaren.

Man spricht hier auch von leeren Kalorien.

Folgendes passiert: Der Blutzuckerspiegel steigt sehr schnell und fällt noch schneller ab!

Die Folgen: Heißhunger und Unterzuckerung, Leistungsabfall.

Die schon genannten, komplexen Kohlenhydrate enthalten zudem meist viel pflanzliches Eiweiß. Dieses kann natürlich auch aus Fleisch, Käse oder Nüssen gezogen werden.

Auch ein Mangel an Eiweiß führt zu einem Leistungsabfall!

So sähe ein gesundes Mahl am Vorabend aus: Kartoffel oder Vollkornnudeln, Gemüse, Fleisch oder Fisch. Dazu gehört unbedingt eine Portion gutes Öl.

Und so das Frühstück: Vollkornbrot, etwas Butter und Käse. Wer mag, kann auch Haferflocken in Sojamilch quellen lassen, dazu einige Trockenfrüchte oder frische Früchte.

Sojamilch, ist im Gegenteil zu Kuhmilch, ein perfekter Eiweißträger. Und Eiweiß ist bei muskulärer Belastung sehr wichtig.

Käse und Fleisch enthalten ebenfalls viel Eiweiß.

Hier besteht gerade bei Frauen und Vegetariern oft ein hohes Defizit, da diese in der Regel nicht so gerne oder gar kein Fleisch essen. Bei muskulärer Belastung kommt es schnell zu Mangelerscheinungen in Form von Kraftverlust.

Wie schon eingangs aufgezählt: Haferflocken und Vollkornbrot bringen die guten Kohlenhydrate, Obst liefert Mineralien und ebenfalls Kohlenhydrate.

**Das Essen zwischendurch**

Komplexe Kohlenhydrate und nochmals komplexe Kohlenhydrate, dazu Eiweiß und auch Fett. Für den süßen Hunger etwas Obst. Die Banane ist natürlich ebenfalls gut, reicht aber nicht für einen kompletten Wandertag.

Trockenobst und Nüsse sind ideal. Sie wiegen nicht viel und liefern alles, was man braucht: hochwertige Kalorien.

Brot: Die gute alte Stulle! Vollkornbrote sind allen Mischbroten, bzw. Roggenbroten vorzuziehen, belegt am besten mit Käse. Und fertig ist das Proviantpaket!

**Ein Wandertag ist kein Diät-Tag!** Das ist etwas, was vor allem von Frauen gerne anders gesehen wird. Da werden in der Mittagszeit, Paprika und Möhren ausgepackt, die null Energie liefern. Die Diät gehört nach Hause!

Beim Wandern werden sehr viele Kalorien verbraucht, der Stoffwechsel angekurbelt, die Muskeln beansprucht und letztendlich ordentlich Fett verbrannt.

Doch um die Muskeln und ihre Aktivität anzukurbeln und aufzubauen, bedarf es hochwertiger Nahrung. Wenn Sie einmal Muskeln aufgebaut haben, verbrennen sie Fett, ohne daß sie belastet werden. Besser geht es doch gar nicht.

Ich habe auch schon von Teilnehmern gehört "ich möchte keine Muskeln aufbauen, denn dann bekomme ich dicke Oberschenkel". Ich habe noch niemals einen gut trainierten Menschen gesehen, der dick aussieht. Eine Tatsache ist aber, Muskeln sind schwerer als Fett, benötigen aber nur halb so viel Platz bei gleichem Gewicht!

Ein Beispiel: Wir vergleichen 2 Menschen mit einem Gewicht von 60kg und gleicher Größe. Der eine hat einen Fettanteil von 30% und eine eher geringe Muskelmasse, der andere einen Anteil von 20% und ist durchtrainiert. Der Trainierte trägt sicherlich mindestens eine Kleidergröße kleiner.

Süßigkeiten zwischendurch bringen keine langfristige Energie. Der Zucker steigt schnell an, das merken die Menschen, sie fühlen sich erst einmal wieder fit. Doch er sackt noch schneller wieder nach unten. Die Erschöpfung, die sich dann einstellt, ist schlimmer, als zuvor.

Auch bei dem beliebten Traubenzucker zwischendurch, tritt dieser Anstieg und schnelle Abfall ein.

Wirklich sehr gut für zwischendurch sind Proteinriegel. Meistens mit einer ganz dünnen, äußeren Schicht Schokolade sind sie zwar etwas süß, aber ein hoher Eiweißträger.

Wichtig! Achten Sie auf den Eiweißgehalt. Dieser muss hoch sein, der Zuckergehalt muss niedrig sein! Übrigens auch beim Müsli, falls sie Fertigmischungen verwenden.

### Der Wasserhaushalt

Über den Daumen gepeilt sagt man: Bei einer Tageswanderung benötigt man 1 1/2 Liter Flüssigkeit. Doch das ist mir nicht konkret genug.

**Denn darüber hinaus ist für uns der Mineral- und Salzhaushalt wichtig.** Da wir beim Wandern schwitzen, verlieren wir nicht nur Wasser, sondern auch wichtige Salze.

Es ist falsch, bei Hitze auf Salz zu verzichten: Der Körper braucht Salz, und das Wasser wird bei salzreicher Kost im Körper gebunden, der Blutdruck steigt.

Bluthochdruckpatienten sollen eben aus diesem Grund auf Salz verzichten!

Zuwenig Wasser bedeutet: Wir dehydrieren: der Blutdruck fällt, uns wird schwindelig, müde, Kopfschmerzen, Konzentrationsmangel, usw.

Zuviel kann aber auch falsch sein: Wenn wir unseren Körper nun mit einfachem Wasser überschwemmen, passiert genau das gleiche wie beim starken Schwitzen und zu wenig Trinken: Die wichtigen Salze werden ausgeschwemmt, bzw. verdünnt! Beides ist gefährlich! Passiert auch bei zu viel zuckerhaltigen Getränken.

**Positiv:** Mineralwasser mit hohem Anteil an Magnesium, Natrium und Calcium, Elektrolyte Drinks, heiße Getränke, auch bei hohen Temperaturen – da sie die Poren öffnen, die Schweißbildung anregen und auf diesem Wege kühlen. Zudem wird bei salzhaltigem Getränk das Wasser gebunden! Auch unser Leitungswasser ist top!

**Negativ:** Fruchtsäfte und Schorlen, zuckerhaltige Getränke – sie regen durch den Zucker den Durst an und können dann dazu führen, das man immer weiter trinkt, ohne den Durst zu löschen, der Körper wird regelrecht geflutet.

**Fazit: Beim Wasserhaushalt können wir schon durch eine mineralstoffreiche und salzreiche Kost vorbeugen, vor allem bei Hitze!**

Übrigens, wer nun denkt „ ach, ich schwitze ja nicht so stark" oder „ach, es ist ja nicht so warm", dem sei dringlich ans Herz gelegt: Schieben Sie diesen Gedanken ein für alle Mal aus Ihrem Kopf. Er ist falsch!

Bei Hitze schwitzen wir sicher mehr, aber dann merken wir es auch eher. Bei kalten oder kälteren Temperaturen verbrauchen wir schon Flüssigkeit, um uns warmzuhalten. Hinzu kommt, dass bei Kälte die Adern verengt sind und das Blut dick wird. Um dieses flüssiger zu machen, brauchen Sie Flüssigkeit! Ich weiß nicht, wie oft ich es in den Jahren als Wanderführerin den Teilnehmern erzählt habe und wie oft ich Probleme bei Teilnehmern hatte, die diese Ratschläge nicht angenommen haben.

Wadenkrämpfe sind da noch die kleinsten Probleme. Aber alles wird in Mitleidenschaft gezogen: Herz, Kreislaufsystem, Muskelschwäche, Schwindel, Kopfschmerzen, Müdigkeit, Lustlosigkeit und noch vieles mehr. Und ob Sie es glauben oder nicht: Meistens, trinken die Menschen zu wenig, weil sie während einer Wanderung nicht austreten möchten. Schon oft haben mir Teilnehmer erzählt, dass sie schon morgens zu Hause nicht viel trinken um „Gut durch den Tag" zu kommen.

Auch hier gibt es übrigens eine Faustregel: Der Mensch sollte bei einer sportlichen Belastung 2-3x austreten müssen. Ich spreche natürlich von einer Tagesetappe.

Manche Menschen meinen Sie können auf Vorrat trinken. Wenn man sie fragt "Hast Du genug getrunken?" sagen sie, sie hätte zu Hause schon genug für den Tag zu sich genommen. Doch da wir keine Kamele sind, funktioniert das nicht, denn der Mensch scheidet einen Überschuss schnell aus.

**Die Einkehr zwischendurch**

Hier ist die wichtigste Regel: Fettarm und schnell verdaulich, wenn Sie weiter wandern möchten.

Ist es ein Stück Kuchen, liegt die Sahne dazu meist schwer im Magen. Ist es etwas Warmes, sollte man die fette Currywurst und die Pommes mit Mayonnaise ebenfalls meiden.

Ein mageres Stück Fleisch mit Nudeln oder Reis ist besser.

Ein Salat an sich ist fettarm, doch die Saucen sind mitunter sehr große Kalorienspender und es ist jedem Einzelnen überlassen, ob eine große Portion Rohkost für ihn schnell und gut verdaulich ist. Leider gibt es heute relativ selten, nicht mehr wie früher oft angeboten, Schinkenbrote oder ähnliches.

Das Problem beim Essen zwischendurch ist ganz einfach: Wenn die Verdauung in Gang kommt und das tut sie bereits im Magen, setzt der Körper hier seine meisten Kapazitäten ein.
Er verlangsamt sogar die Durchblutung und Sauerstoffversorgung im Gehirn. Das merken wir gut, denn nach einem guten Mahl fühlen wir uns müde und träge. Einer weiteren Wanderung ist das natürlich nicht förderlich.

Mit dem Stück Kuchen geben wir unserem Körper eine Zuckerspitze, die nach kurzer Zeit schnell absinkt; in der Folge kommt es zu einem schnellen Absinken der Leistungsfähigkeit.

Wenn wir uns aber den ganzen Tag schon nach den aufgeführten Kriterien ernährt haben und vielleicht noch eine Banane für später dabei haben, können wir dieses unangenehme Absinken des Zuckerspiegels umgehen.

Ich persönlich halte es am liebsten so:

**Die Einkehr zum Schluss** Nun belohnen Sie sich! Das gehört unbedingt dazu und kann die Krönung eines wunderschönen Tages sein.

**Für den Fall einer Unterzuckerung unterwegs**

Auf diesen Umstand sollten Sie immer vorbereitet sein. Trotz genauester Planung ist nicht alles kalkulierbar. Vielleicht hatten Sie vorher eine Erkrankung, die noch schwächt, obwohl Sie sich gut fühlen. Vielleicht kündigt sich schon eine Erkrankung an. Auch unsere Tagesform ist unterschiedlich.

Für den Notfall: Traubenzucker, aber nie alleine! Das schnell folgende Absinken des Zuckerspiegels muss unbedingt vermieden werden. Verhindern kann man es mit: Proteinriegel, Trockenobst, Nüsse, eine Scheibe Schwarzbrot. Etwas Haltbares sollten Sie IMMER dabei haben. Eine Unterzuckerung kann tödlich enden.

Vorsicht auch bei entsprechender erste-Hilfe Maßnahme. Sie dürfen nicht jedem zu Essen geben, was Sie selber vertragen. Geben sie einem Allergiker eine Handvoll Nüsse oder etwas, das Spuren von Nüssen enthält, so ist er unter Umständen nicht mehr unterzuckert, aber in den Allergieschock gefallen.

Klingt komisch, kommt heutzutage aber öfter vor, als man denkt.

## Ernährungstipps für unterwegs bei großer Hitze

Salze und Mineralien (Salzstangen, Gemüsebrühe, Mineralwasser)

Ausreichend Mineralwasser, Elektrolyte – Drinks, kalter Pfefferminztee

Eier, Käse, Schinken, gesalzene Butter

Obst (alle Sorten),Tomaten

Vollkornbrot, Müsliriegel ohne Zucker!!, Eiweiß- oder Nussriegel

**Gut zum Kühlen zwischendurch**

Erfrischungstücher, Erfrischungs-Sprays

Minzöl, Zitronenöl,

Wenn es geht, die Füße und Unterarme ab und zu mit kaltem Wasser übergießen

Kopfbedeckung bei Sonne. Keine enge Kleidung tragen.

**Wichtig:** Der Mensch muss schwitzen! Diese Funktion darf in keiner Weise unterdrückt werden!

**Dies ist eine sinnvolle Körperfunktion, denn durch die Verdunstung des Schweißes entsteht Verdunstungskälte, die zur Kühlung des Körpers absolut wichtig ist!**

**Noch etwas Grundsätzliches zum Schluss:**

Spätestens alle 2 Stunden sollte man rasten, etwas essen und auf jeden Fall trinken.

So steht es in den gängigen Ratgebern. Ich halte es so, dass ich bei größeren Touren jede Stunde eine kleine Pause einlege. 10 Minuten sind oft schon genug.

Man kann mal kurz eine andere Körperhaltung einnehmen, das tut gut. Und vor allem, man haushaltet mit seinen Kräften.

Zum Wandern gehört das Picknick! Darum suchen Sie sich ein nettes Plätzchen, genießen Ihr Essen, die Ruhe oder die Gespräche.

Und probieren Sie meine Tipps aus.

**Was brauche ich wirklich**

Auf dieses Thema bin ich ja bereits im Kapitel Ausrüstung eingegangen.

Doch da ging es nur um einen zu vollen Kleiderschrank, bzw. einen zu vollen Rucksack.

Beim Essen haben die meisten es aber auch verlernt.

Gegessen wird zwischendurch, es ist nicht mehr, die vielleicht wichtigste Sache der Welt.

Die Regale in den Geschäften sind voll, die Industrie verspricht uns Leistung etc., aber sie will nur unser Geld. Der Industrie ist es vollkommen egal, ob es uns gut geht.

Verspüren wir wirklich noch Hunger?

Und wenn ja, verspüren wir, was unser Körper nun braucht? Was ihm fehlt? Ein Getränk, eine Abwechslung, Vollkornprodukte oder will er einfach nur mal verwöhnt werden. Es ist sehr schwer, die eigenen Bedürfnisse aufzuspüren. Ich glaube, bei der Ernährung kann ein jeder, diesen Grundstein der eigenen Wahrnehmungsfähigkeit legen.

Wenn ich es schaffe, bei der Ernährung aufzuspüren, was ich gerade brauche, dann kann ich dies auch in anderen Situationen.

Wir unterliegen heute oft einem Automatismus. Wir tun Dinge, die wir eben einfach nur tun. Immer. Immer wieder. Ohne darauf zu achten. Wir tun. Aber wir tun bedeutet nicht, wir sind im SEIN. Dies ist nun schwierig, ich weiß. Aber SEIN bedeutet auch bewusst – sein, bzw. selbst- bewusst - sein.

Einfach nur tun, ist nichts Bewusstes. Dies ist lediglich ein blinder Aktionismus. Unbewusst ist doch das Gegenteil der bewussten Handlung.

**Die richtige Ernährung bedeutet doch auch:**

Grundbedürfnisse und Herausforderungen müssen zueinander passen, sonst kommt es zu Schwankungen im Energiehaushalt. Und immer wieder muss ich mir die Frage stellen: Wie viel Energie habe ich noch und wie viel brauche ich?

Und vor allem, wo bekomme ich neue Energie her? Übrigens, das gilt auch für die psychischen Ressourcen, die ein Mensch zur Verfügung hat.

Indem ich ein Stück Schokolade so nebenbei zu mir nehme, sicherlich nicht.

Und was dem Einen seine Schokolade, sind dem Anderen vielleicht sein Wein oder seine Chips.

Ich muss Dinge, die ich immer gemacht habe, auch einmal sein lassen und ganz Neues wagen. Mich darauf einlassen, dass ich nun z.B. Vollkornprodukte zu mir nehme, dass ich auf größere Wanderungen gehe, dass ich meinem Leben eine andere Richtung gebe, dass ich Dinge nun ganz anders sehe, auf etwas verzichte. Doch über all dem steht: Dass ich auch einmal auf die Komfortzone verzichte, sie verlasse und **veränderungs- und erwartungsfreudig durch das Leben gehe!**

Ich habe einmal folgenden Satz gelesen und dieser hat mich manches Mal inspiriert: Stehe still und sammle Dich.

Diesen Satz lernten die Bergleute, wenn es unter Tage zu Gefahrensituationen kam. Sie sollten erst einmal **nachdenken** und nicht **in blinden Aktionismus** verfallen.

Die Bergleute lernten diesen Satz in Gefahrensituationen anzuwenden. Wir können ihn auch im täglichen Leben sehr gut anwenden.

Steh still und sammle Dich, bedeutet doch auch: Halte inne, lerne Dich zu spüren, wahrzunehmen wie es Dir geht, was Dir fehlt, was Du brauchst. Und dann: hol es Dir!

Auch die Balance zwischen Leistung und Machen, sowie Pausen und Belohnung müssen viele Menschen wieder finden. Wir dürfen uns etwas gönnen. Was spricht gegen ein Stück Sahnetorte, wenn ich mich damit „belohne" Und diese dann noch mit Genuss verzehrt, himmlisch.

Aber vieles spricht gegen Sahnetorte und noch mehr Sahnetorte aus Frust oder Langeweile.

Wir spornen uns zu immer höheren Leistungen an und merken oft nicht, wie erschöpft wir schon sind. Vielen Wanderern geht es leider nur um die Kilometer, die sie schaffen!

Der höchste Besitz, den ein jeder von uns hat, ist das ICH. Das SEIN, das SELBST. Aber das ICH wird am allerwenigsten gepflegt. Und dabei, wenn das Ich aufhört zu sein, also aufhört zu existieren, ist alles andere sowieso hinfällig. Wir dürfen uns Pausen erlauben, Schwächen erlauben. Wir dürfen uns den Luxus erlauben, gut für uns zu sorgen. Und dazu gehört gesundes Leben ohne Industrienahrung.

Also probieren Sie meine Tipps aus, lassen Sie sich darauf ein, werden Sie respektvoll zu sich selbst!

**Trainingstipps für die nächste Woche:**

Bei der Ausführung der Übungen beachten Sie bitte Folgendes:

- Gleichmäßig weiteratmen

- Auf die Körperhaltung achten

- Die Übungen langsam und schmerzfrei durchführen

- Niemals ein Hohlkreuz machen

- Die einzelnen Übungen sollten zwar an einem Stück durchgeführt werden, aber sie können sie über den Tag verteilt absolvieren. Jede Übung bitte jeden Tag durchführen!

- Auf die Qualität der Ausführung achten

1.) 10mal ein Stockwerk hinauf und hinuntergehen. Tempo angepasst, Vielleicht ab und zu jede 2. Stufe nehmen

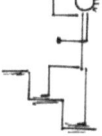

2.) Aus dem Stand heraus leicht in die Knie gehen und den Entengang üben, so oft und so lange sie können. Wichtig: Das Gewicht liegt nicht auf den Knien! Je weiter sie hinuntergehen, desto größer ist das Gewicht auf den Knien!
Also nur leicht beugen, die Kraft kommt aus dem Oberschenkel! Übung solange Sie können.

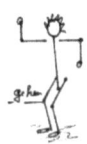

3.) Gerade stehen, Füße hüftweit auseinander. Beide Arme nach oben strecken. Nun den Po nach hinten schieben, als wenn Sie sich setzen möchten. Die Beine etwas beugen, ganz wichtig ist es, nicht ins Hohlkreuz fallen. Nun den geraden Oberkörper vorneigen, als wollten Sie den Boden berühren und wieder nach oben strecken. 25 Wiederholungen

4.) Gerade stehen, die Arme seitwärts in Schulterhöhe austrecken und nach oben anwinkeln. Muskelkraft aufbauen und die Arme nach hinten wegdrücken. Die Spannung ist in den oberen Schulterblättern und im oberen Rücken. 20 – 30x

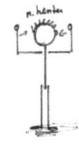

5.) Aus dem Stand heraus, auf der Stelle drippeln, das sind sehr schnelle kleine Laufschritte. So wie die Fußballspieler beim Training. In Ihrem Tempo, aber Sie dürfen außer Atem kommen! Ideal ist in 30 Sekunden je Fuß 60 x den Boden zu berühren.

# Eigene Notizen

# Eigene Notizen

# Kapitel 5

## *Welche Wanderung passt zu mir?*

s gibt ein riesiges Angebot an Wanderungen:

Meditationswanderungen, Fastenwanderungen, Wandern mit Kindern, für Senioren, für Frauen, Schneeschuhwanderungen, Gesundheitswandern, und viele mehr.

Man kann in Gruppen wandern, sich allein auf Tour begeben oder mit dem Partner oder einer Freundin einen Trip ins Grüne machen.

Jeder muss zuerst einmal (schon wieder) seine Bedürfnisse herausfinden: Wenn man viel Unterhaltung haben möchte, ist eine Meditationswanderung sicher nicht das Richtige. Schneeschuhe im Sommer dürften auch nicht die richtige Wahl sein.

Hat jemand viele Ideen und kann sich gut orientieren, muss er auch nicht unbedingt in einer Gruppe laufen, dann reicht vielleicht sein Partner.

Geht dieser nicht mit, macht es alleine unter Umständen keinen Spaß.

Vielleicht schätzt jemand auch die Informationen, welche bei einer geführten Wanderung in der Regel dazu gehören.

Am Wichtigsten ist, sich selbst und seine Kondition richtig einzuschätzen! Können in der Ebene 15 km gut gegangen werden, heißt das noch lange nicht, dass diese 15 km im bergischen Gebiet überhaupt geschafft werden.

Ein großer Einflussfaktor ist auch die Art der Wege. Naturpfade, steinige, schlammige Passagen spielen eine Rolle, da je nach Untergrund, die Wanderung schwieriger oder leichter sein kann. In Kapitel 6 beschäftige ich mich mit den Begriffen Trittsicherheit und Gangsicherheit.

Man sollte also auf jeden Fall sein eigenes Tempo und die eigene Belastungsgrenze kennenlernen. Dieses liegt in der Regel bei 4-5 km/h in der Ebene und 3-4 km/h im Mittelgebirge. Sie sehen: Auch in der Regel gibt es eine Toleranz von 1 km/h. Das kann sehr viel sein, wenn man diesen einen Kilometer nicht schafft!

In einer Gruppe ist es für alle unangenehm, wenn das eigene Profil nicht zu den Anforderungen der Wanderung passt!

Bei **einer geführten Wanderung** ist die Ausschreibung sehr wichtig. Sind Sie sich selber nicht sicher, fragen Sie einfach beim Wanderführer nach.

Ein verantwortungsvoller Wanderführer klärt Sie gerne in einem Gespräch schon im Vorfeld auf.

Vorsicht! Es gibt leider eine Menge Wanderführer, denen dies scheinbar egal ist. Fragen Sie also unbedingt genau nach. Es ist in Ihrem eigenen Interesse.

In einer Gruppe trifft man Gleichgesinnte, es kommt in der Regel zu guten Gesprächen. Ein weiterer Vorteil einer geführten Gruppenwanderung ist, dass man sich verabredet und den Termin auch einhält. Es fällt leichter, sein persönliches Fitnessprogramm aufrecht zu erhalten. Zudem vermittelt es Sicherheit.

Nachteil ist, man muss sich der Gruppe unterordnen, der Langsamste bestimmt hier letztendlich die Geschwindigkeit der gesamten Gruppenwanderung. Das kann dann schon mal schnell zu Frust führen. Weder Pausenrhythmus noch Tempo kann von einem selber bestimmt werden. Man kann in der Umgebung auch nicht anschauen, was und wie lange man möchte, wenn die Gruppe weitergeht.

Führt man seine eigenen Wanderungen durch, kann man natürlich sein „eigenes Ding" machen. Man muss sich selber um alles kümmern und hat keinen Kontakt zu anderen. Auf der anderen Seite kann jeder, so für sich alleine, die Natur und die Stille besser genießen!

**Es gibt Studien darüber, warum Menschen wandern.**

Und da es viele unterschiedliche Naturelle gibt, gibt es genauso viele unterschiedliche Antworten auf diese Frage.

Da sind der Sport, die Natur, die Gemeinsamkeit und auch die Einsamkeit. Die Unterhaltung, genauso wie das Schweigen. Das Loslassen von Lasten, Dinge erleben und noch vieles mehr.

Ich habe mir überlegt, warum ich so gerne wandere und konnte mir selber nicht nur eine Antwort geben, sondern fast alle Antworten der mir bekannten Studien trafen auf mich zu. Dazu kommt die Tagesform. Mal bin ich gerne alleine, mal lieber mit anderen zusammen. Mal wandere ich gerne zügig, mal wieder nicht!

Es gibt also nicht nur unterschiedliche Menschen. Jeder von uns hat viele Seiten in sich und ist in unterschiedlichster Verfassung. Merken Sie es? Wieder bemerken wir eine Gemeinsamkeit zwischen Natur und Menschen.

**Es gibt so unglaublich viel da draußen.**

Meist erfreuen uns die ganz großen Dinge. Alle wollen immer mehr, immer höher und immer schneller. Es gibt die Premiumwanderwege, die ausgezeichneten Wanderwege, die absoluten Highlights. Die Wege, die man unbedingt gegangen sein muss. Auf diesen Wegen erwarten uns die besten und schönsten Ausblicke, der Nervenkitzel, usw.. Sie sind in aller Munde.

Dabei führen alle in die Natur. Und auf einer Wanderung ist es doch das Wichtigste, die kleinen Dinge zu finden und wahrzunehmen. Die Tautropfen, kleine Blüten, die ganz besonderen Farben im Regen, gerade wenn alles trostlos ist, sind die Farben besonders schön!

Wer in der Lage ist, all diese Dinge zu sehen und wahrzunehmen, erkennt, dass sogar Regen schön ist und glücklich macht.

Diese Wahrnehmung der kleinen Dinge ist für uns auch im Alltag wichtig. Ich persönlich glaube, dass das echte Glück in den Feinheiten liegt und vor allem in der Fähigkeit, den Blick für das Detail zu öffnen.

Was will ich? Ja, Sie sehen, man kommt immer wieder zu dieser Frage. Nun beschäftigen wir uns doch mit so etwas Schönem, etwas das uns Ruhe und Kraft bringen soll. Doch schon wieder stehen wir vor der Frage, was wir wollen. Und das, weil alles im Überfluss vorhanden ist, sogar die Wanderangebote.

**Mein persönlicher Tipp: Probieren Sie alles aus und halten Sie nicht an einem fest, bewahren Sie sich Flexibilität.**

Viele Menschen schließen sich einem Wanderverein an, zahlen Beitrag und wollen dann natürlich auch alles, oder zumindest vieles, was dieser Verein im Angebot hat nutzen. Der Beitrag „Muss sich ja lohnen". Letztendlich macht man dann, im selben Verein, mit denselben Leuten, immer dasselbe. Für manch einen ist das aber von Vorteil, da sie so einen festen „Terminplan" haben.

Also, wechseln Sie doch einmal: Wandern Sie mal alleine oder nur in einer ganz kleinen Gruppe. Lernen Sie Kartenlesen und Sie werden erfahren, welcher Genuss eine Wanderung ist, in der Sie vollkommen auf sich und Ihre Fähigkeiten angewiesen sind. Wenn Sie dann am Ziel ankommen, baut das Ihr Selbstbewusstsein ungemein auf.

Wandern Sie in einer Gruppe, in der ein Wanderführer Ihnen Wissen vermittelt. Auch das ist ein Hochgenuss, wenn Sie neben der sportlichen Betätigung zusätzlich Interessantes und Neues erfahren.

Lesen Sie einmal, was Sie bei den unterschiedlichen Wanderungen erleben können:

**Körperliche Betätigung** ohne Wettbewerb. Das Voreinander setzen der Füße und das Mitschwingen des Körpers lösen körperliches Wohlbefinden und Freude über das Geleistete aus. Und keiner muss der Schnellste sein.

Die **ausgeprägten sozialen Bezüge** sind vielen Menschen wichtig. Wandern wird meist in der Gruppe betrieben und fördert Erlebnisgemeinschaft, Gesprächsbereitschaft und freundliche Beziehungen.

Die **Zunahme geistigen Wissens:** Dieser Zuwachs ergibt sich aus der Begegnung mit anderen Menschen, anderen Landschaften und Vorträgen, bzw. Informationen durch den Wanderführer.

**Wandern hat Erlebnischarakter**, der jedem Unterwegssein innewohnt.

Man macht sich auf! Die Bewegung in der Landschaft und eine enge Vertrautheit mit den Erscheinungen der Natur führen den Menschen zu seinen Ursprüngen zurück. Es ist alles so einfach und natürlich.

**Wandern hat einen ästhetischen Ansatz.** Als Wanderer wird man zum Betrachter einer weitgehend natürlichen oder einer vom Menschen geschaffenen Kulturlandschaft. Und das übt einen dauerhaft ästhetischen Reiz aus. Nicht nur Fotografen und Maler werden kreativ und künstlerisch angeregt. Landschaften und Natur können an Geschichten, Filme und Bücher erinnern. Unsere Phantasie wird anregt. Manche Gegend erinnert an ein vor langer Zeit gehörtes Märchen.

Manche **erfahren Wandern als Befreiung.** Für eine kurze Zeit wird man seinen Sorgen und Fesseln des täglichen Lebens enthoben.

**Gleichgesinnte treffen:** Für viele Wanderer ist das der Schlüssel zum Glück. Das gemeinsame TUN mit anderen. Oft bilden sich freundschaftliche Beziehungen, man fühlt sich verstanden und unter seinesgleichen.

**Und viele sind unterwegs zu sich, um sich selbst zu finden.** Die Wanderung hilft ihnen, über sich nach zudenken, die Tiefe der eigenen Seele zu finden oder zu reifen.

Oder einfach nicht zu denken, sondern nur sich und die Umgebung zu fühlen.

**Vielleicht kennen Sie ja auch die „Eremiten-Tage".**

Das sind die Tage, an denen man keinen sehen möchte. Noch nicht einmal die, die sonst die Liebsten sind. Man möchte nichts hören, geht nicht ans Telefon. Und je voller unsere Tage sind, umso öfter braucht man diese Auszeit. Alles ist zu viel und man hat das Gefühl, jeder will etwas von einem. Man fühlt sich leer, ausgenutzt und ausgebrannt.

Doch während solcher Eremiten Tage, oder manchmal sind es vielleicht auch nur ein paar Stunden, braucht man gleichzeitig das Gefühl, dazu zu gehören, Teil einer Gemeinschaft zu sein. Während der Eremiten Tage will man nicht wirklich allein oder sogar einsam sein! Sondern im Gegenteil! Gut tut dann eine Gemeinschaft, die sich gegenseitig unterstützt, in der ich mich spiegele und merke, dass man nicht nur immer etwas von mir will, sondern dass man sich einfach freut, dass ich da bin und dazugehöre. Auch wenn ich einfach nur still für mich dabei bin.

Kennen Sie dieses Gefühl, diesen Zwiespalt?

Auf Wanderungen, gerade bei Gruppenwanderungen, kann man ganz für sich sein, ist aber nicht alleine. Und wenn man Hilfe braucht oder reden möchte, ist jemand da. Und wenn man einfach nur „mitlaufen" möchte, muss man sich vor keinem rechtfertigen. Denn es geht vielen so.

Ist die Wanderung vorbei, gehen die meisten Gruppen zu einer Abschlusseinkehr. Man sitzt zusammen, lässt die Wanderung nach- und ausklingen. Und hat man gerade seinen Eremitentag, tut es gut dazu zu gehören: Denn dies ist ein Grundbedürfnis des Menschen.

Viele haben mir schon berichtet, dass sich, obwohl müde und vielleicht ein bisschen erledigt, ein Gefühl wie „neugeboren sein" einstellt.

Ich bin regelmäßig mit vielen, sehr unterschiedlichen Menschen zusammen. Und glauben Sie mir, viele leiden an psychischen Erkrankungen oder Problemen: Burnout, Depression oder Trauer, weil z.B. der Partner verstorben ist. Viele leiden unter der Überlastung in Beruf oder Familie, an Erkrankungen in der Familie oder eigene.

Mir hat noch keiner berichtet, dass ihm eine Wanderung nicht gut getan hat. Aber da ich Gruppen führe, habe ich auch erlebt, dass diese Art des Wanderns für beruflich überlastete Menschen zu kommunikativ oder zu laut sein kann. Dies wird als ein „Zuviel" empfunden.

Manchmal ist eine Gruppe tatsächlich sehr kommunikativ. Der erste schöne Frühlingstag z.B. lässt die Herzen höher schlagen, die Teilnehmer sind regelrecht ausgelassen. Es ist eine ganz andere Atmosphäre in der Gruppe als an einem melancholischen, nebligen Herbstmorgen. Dann sind die Leute eher in sich gekehrt.

Und glauben Sie mir: Jede Stimmung ist auf ihre Art und Weise angenehm.

Und beim nächsten Mal bin ich dann wieder alleine oder zu zweit unterwegs.

Probieren Sie es aus!

## Welche Wanderung passt zu mir?

**Trainingstipps für die nächste Woche:**

Bei der Ausführung der Übungen beachten Sie bitte Folgendes:

- Gleichmäßig weiteratmen

- Auf die Körperhaltung achten

- Die Übungen langsam und schmerzfrei durchführen

- Niemals ein Hohlkreuz machen

- Die einzelnen Übungen sollten zwar an einem Stück durchgeführt werden, aber sie können sie über den Tag verteilt absolvieren. Jede Übung bitte jeden Tag durchführen!

- Auf die Qualität der Ausführung achten

1.) 10mal ein Stockwerk hinauf und hinuntergehen. Tempo angepasst, Vielleicht ab und zu jede 2. Stufe nehmen

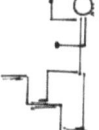

2.) Stellen Sie sich bequem hin, Füße hüft-weit auseinander. Verlagern Sie Ihr Gewicht auf ein Bein und heben das andere langsam an. Bitte versuchen sie 20-30 Sekunden die Balance zu halten. Je Bein 3-5 Durchgänge

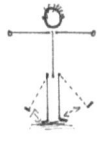

3.) Legen Sie sich auf eine Seite, der Körper ist lang gestreckt, der Kopf wird von einem Arm gestützt. Spannen Sie den Po und auch den Rumpf an, damit der Körper stabil ist und Spannung hat. Nun heben Sie das oben liegende Bein, mit angezogenem Fuß, leicht an und bewegen es in kleinen Bewegungen langsam rauf und runter. 20-30mal je Seite. Vielleicht schaffen Sie 2 - 3 Durchgänge?

4.) Setzen Sie sich auf den Boden. Oberkörper gerade, Hände liegen auf dem Boden seitlich vom Körper, die Beine sind lang gestreckt. Nun heben Sie ein Bein leicht an, Muskeln gespannt, Fußspitze zeigt zum Körper. Bitte heben Sie das Bein in kleinen Bewegungen langsam rauf und runter 30-50mal, Seite wechseln. Nun das Gleiche noch einmal, mit vom Körper weggestreckter Fußspitze.

5.) Stellen Sie sich aufrecht hin. Körperspannung aufbauen, Füße hüft-weit auseinander. Beide Handflächen vor der Brust kraftvoll zusammendrücken – 3 Atemzüge lang! Dann die Finger ineinander verhaken und kraftvoll versuchen sie auseinander zu ziehen - 3 Atemzüge halten. Das Ganze 5x im Wechsel, kurze Pause und noch einmal von vorne.

# Eigene Notizen

# Eigene Notizen

# Kapitel 6

## *Gangsicher oder Trittsicher?*
## *Was ist damit gemeint?*

**D**efinition: **Gangsicherheit** ist die störungsfreie Funktion des Gleichgewichtssinns, der Muskelkoordination und des Skelettsystems.

Das bedeutet: Ich kann mich ohne Hilfsmittel, z.B. Stöcke oder Rollator im alltäglichen Leben fortbewegen. Ich kann Treppen hinauf und hinunter gehen **ohne** mich festhalten zu müssen!

Eine fehlende Gangsicherheit geht - vor allem bei älteren Menschen oder auf Wanderungen - mit einer erhöhten Sturzgefahr einher.

**Wer gangsicher ist, ist noch lange nicht trittsicher!**

Bei vielen ausgeschriebenen Wanderungen und Bergtouren wird aber Trittsicherheit als Fähigkeit vorausgesetzt, ohne dass dieser Begriff genauer erklärt wird.

**Definition: Trittsicherheit** ist die Fähigkeit, sich beim Wandern und Bergsteigen in unwegsamem Gelände sicher zu bewegen. Hierzu müssen die **koordinativen Anforderungen** erfüllt sein Zudem sind Kraftreserven und ausreichende Wahrnehmung des Geländes erforderlich.

**Koordinative Fähigkeit** bedeutet einfach umschrieben: Die Fähigkeit, mehrere Aufgaben gleichzeitig zu erfüllen.

Auf das Wandern bezogen, sind es die gleichzeitigen oder in geordneter Folge auftretenden Muskelaktionen.

Noch genauer ausgedrückt: Die Beweglichkeit, Wendigkeit, Reizempfindlichkeit, Gleichgewichtsgefühl, Raumorientierung und die Fähigkeit, sich auf immer wieder neu ergebene Situationen einzustellen.

## Gangsicher oder Trittsicher

**Wie sicher stehe ich auf den Beinen?** Um Ihre Trittsicherheit einzuschätzen, können Sie sich ein paar Fragen stellen und ausprobieren:

- Kann ich auf einem Schwebebalken oder einer Bordsteinkante balancieren?
- Kann ich länger auf einem Bein stehen?
- Kann ich auf Zehenspitzen laufen, ohne zwischendurch die Ferse aufzusetzen?
- Fange ich auf sehr schmalen Pfaden an zu schwanken oder brauche ich eine gewisse Wegbreite, da ich nach rechts und links schwanke, um Gleichgewichtsprobleme auszugleichen?

Es kommt darauf an, das Gleichgewicht zu halten und den Fuß kontrolliert und sicher aufzusetzen. Dies soll auch auf steinigem, flexiblem oder glattem Untergrund funktionieren. Und das über eine längere Zeit, ohne zu schnell zu ermüden und die Konzentration zu verlieren.

Trittsicher ist der, der auch in felsigem, steinigem oder rutschigem Gelände ohne zu schwanken sein Gleichgewicht halten kann und seine Füße sicher aufsetzt.

**Wer trittsicher ist, ist auch gangsicher!**

Ich rate hier niemandem dazu, nicht hinzuschauen, wo er geht. Aber in der Regel reicht es beim Wandern aus, den Boden mit den Augen abzutasten.

**Wer tritt- und gangsicher ist, braucht nicht ständig nach unten zu schauen!**
Und das kann trainiert werden.


**Übungen bei Alltagstätigkeiten:**

1. Beim Gehen schräge oder schmale Tritte nutzen!

2. Während des Zähneputzens auf ein Bein stellen. Eine Minute, dann Bein wechseln!

Wenn das gut geht, machen Sie es sich schwerer und stellen Sie sich auf die Zehenspitze eines Fußes. Schaffen Sie das jeweils eine Minute?

3. Treppen freihändig (ohne Geländer) gehen!

4. Zwei Dinge gleichzeitig machen. Z.B. auf einem Bein stehen, gleichzeitig lesen oder telefonieren.

5. Gewichtsverlagerung Zehen > Ferse > Zehen, so weit wie möglich, ohne umzufallen, auf beiden Beinen gleichzeitig. Wenn das gut geht, dann jeweils auf einem Bein.

6. Seiltänzerstand: ausgestreckte Arme (seitlich), und gleichzeitig den Blick nach oben > unten, rechts > links, Augen auf > zu, Arme oben > unten, Kopf nicht bewegen! Probieren Sie mehrere Variationen aus

7. Einbeinstand: Arme nach unten oder oben. Nun den Blick nach oben, die Augen zu oder auf, den Finger zur Nase. Wiederum mehreres gleichzeitig ausführen

8. Treppe: nur Zehenspitzen aufsetzen, nur Fersen, quer aufsetzen, vorderen Fuß aufsetzen. Rauf und runter, mit und ohne Geländer.

**Trainieren Sie bitte anfangs in der Nähe einer Festhaltemöglichkeit, das Training aber bitte freihändig durchführen!**

Die Übungen sollten täglich, zwischendurch absolviert werden. Wichtig ist die Regelmäßigkeit. Geübt werden sollte das, was man nicht kann. Das, was gut gelingt braucht kein Training.

Beim Stehen und Balancieren auf einem Fuß gleicht das Standbein ständig aus, um das Gleichgewicht zu halten. Dadurch werden die kleinsten Muskeln sowie die Reaktionsfähigkeit und der Gleichgewichtssinn gestärkt.

Wenn eine Übung zur Standsicherheit, also auf einem Fuß trainiert wird und gleichzeitig mit den Händen oder Kopf und dem Gehirn etwas anderes getan wird, trainiert man auch die koordinative Fähigkeit.

Wer die Übungen gut beherrscht, kann eine Steigerung des Schwierigkeitsgrades selber einbauen. Wer regelmäßig trainiert, wird sehr schnell die Resultate erfahren.

Die Sicherheit, dass der Fuß, das Bein eine Unebenheit im Boden durchaus ausgleichen kann, kommt von ganz alleine. Es entstehen zwischen Muskeln und Gehirn Verbindungen, die man selber gar nicht wahrnimmt. Man merkt nach einiger Zeit, dass man viel sicherer wird!

Und davon profitiert sowohl der Wanderer, als auch der ältere Mensch.

Denn Tritt und Gangsicherheit ist eine Sturzprophylaxe, die wir nicht nur für das Wandern, sondern für das tägliche Leben brauchen und die sich im normalen Alterungsprozess verschleißt.

Ein Tipp: Den Einbeinstand bewusst immer wieder üben. Das lässt sich ganz leicht zwischendurch einbauen. Ansonsten gilt: Immer mit beiden Beinen fest auf dem Boden. Das Gewicht sollte auf beide Beine gleichmäßig verteilt werden.

Die meisten Menschen tun dies nicht. Sie haben ein sogenanntes Standbein. Dies hat aber fast immer irgendwann zur Folge, dass Ungleichheiten in den Muskeln auftreten. In den meisten Fällen wird es erst bemerkt, wenn es schmerzt. Dann ist es durch Krankengymnastik oder ähnlichen Maßnahmen nur langsam wieder in den Griff zu bekommen.

**Wer trittsicher ist, hat automatisch auch eine gewisse Standfestigkeit entwickelt.**

Z. B.: Er steht mit beiden Beinen fest auf dem Boden.

Die Bedeutung von standfest ist: Kräftig, derb, unempfindlich, kraftstrotzend, kraftvoll, rau, robust, rüstig, widerstandsfähig, zäh, handfest.

Und bei einem Menschen, der diese Eigenschaften entwickelt hat, erwarten wir intuitiv eine gewisse Stabilität. Die entsprechende Bedeutung für Stabilität ist: Beständig, dauerhaft, haltbar, solide, strapazierfähig, gediegen, realistisch.

Wenn ich eine Standfestigkeit meiner Füße, Beine, meines Körpers entwickelt habe, dann geht dieses entstehende Vertrauen auch in mich selbst und auf mein Inneres über!

Ich stehe mit beiden Beinen fest auf dem Boden, mich haut so schnell nichts um. Ich schaffe den Berg hinauf und auch wieder hinunter. Eine schwierige Wegstrecke nehme ich zwar vorsichtig, aber ich gehe sie. Ich verzage nicht.

Umgekehrt, wenn ich zweifele, ob ich es schaffe, wenn ich einer Angst zu viel Raum gebe, werden meine Beine und Füße, die doch eigentlich standfest und trittsicher sein sollten, sicherlich zaghaft! Je zaghafter und ängstlicher ich in der Folge aber werde, desto mehr komme ich ins straucheln. Dies kann ein Abstieg im Gebirge sein, aber es können auch andere Aufgaben sein, die mir Angst machen.

Je mehr man sich traut, damit meine ich auf keinen Fall Leichtsinn in irgendwelcher Form, desto öfter mache ich die Erfahrung, dass ich es kann. Und dies gibt sehr viel Kraft für all die Situationen, in denen Zweifel aufkommt.


Sie sehen, über die Standfestigkeit, Stabilität, Gangsicherheit und Trittsicherheit, entwickeln sich auch für unser Wohlbefinden erstaunliche Zusammenhänge.

Alleine durch die innere Haltung und Selbststeuerung entwickelt sich dieses Gefühl des Wohlbefindens, nachdem wir doch letztendlich alle streben. Durch diese Prozesse, die sich langsam, fast schon von alleine entwickeln, stellt sich die Überzeugung ein, dass man das eigene Leben gestalten kann.

Ich erfahre, dass das Leben mir Aufgaben stellt, die ich lösen kann. Ich werde kraftvoll, ich weiß, dass ich über Ressourcen verfüge, die ich zur Meisterung meines Lebens, meiner aktuellen Probleme mobilisieren kann.

Für meine Lebensführung ist jede Anstrengung sinnvoll. Es gibt Ziele und Projekte, für die es sich lohnt, sich zu engagieren.

Der Weg zum Glück führt über den nächsten Gipfel. So lautet der Titel dieses Buches. Das deutet auf eine Höhenwanderung hin, und die ist meistens schwer. Ich brauche Trittsicherheit, ich muss mir etwas zutrauen, mich auf mich und meinen Körper verlassen. Ich vertraue meinem Körper, dass er es kann. Und ich vertraue meinem Geist, dass er die nötige Willenskraft hat. Und irgendwann bin ich oben und genieße die wunderbare Aussicht! Ich bin glücklich, ich bin stolz.

Ich bin mir meiner Selbst bewusst (Selbstbewusstsein)

Ich bin vertraut mit mir selber, Selbstvertrauen.

Ist das nicht ein schönes Ziel? Ist das nicht all die Mühe wert?

Selbstbewusstsein ist das Bewusstsein, sich selber bewusst zu sein, wahrzunehmen. Doch diese Fähigkeit ist bei vielen Menschen verkümmert. Alle möglichen Belange werden wahrgenommen, doch das eigene Selbst wird durch den Tag gepustet.

An sich selber glauben, Bewährtes weiter entwickeln, Neues dazu lernen. Nicht zu viel auf einmal, nicht zu schnell und nicht zu viele Veränderungen, sondern alles auf kontinuierlicher Basis.

Dazu helfen Bewegung in der freien Natur, die Natur überhaupt, die Bewegung überhaupt, das Wandern, gemeinsames Handeln mit anderen Menschen. Aber auch Kunst und Kreativität, Neues lernen und ausprobieren, Fahrrad fahren, Tanzen.

Manches ist nicht veränderbar. Aber in einer Zeit der ständigen Veränderung kann ich mich und muss ich mich ändern. Ich muss Dinge, die ich immer gemacht habe, auch einmal sein lassen und ganz Neues wagen.

Diese Einstellung beeinflusst meinen Geist. Dazu die äußere Beeinflussung indem Sie die Trittsicherheit trainieren und Sie werden von sich selber überrascht sein. Ich habe es schon einmal geschrieben, aber ich wiederhole es noch einmal: Der Geist ist durch den Körper beeinflussbar und der Körper durch den Geist.

Wie man früher schon sagte: „Ein gesunder Geist wohnt in einem gesunden Körper".

**Trainingstipps für die nächste Woche:**

Bei der Ausführung der Übungen beachten Sie bitte Folgendes:

- Gleichmäßig weiteratmen

- Auf die Körperhaltung achten

- Die Übungen langsam und schmerzfrei durchführen

- Niemals ein Hohlkreuz machen

- Die einzelnen Übungen sollten zwar an einem Stück durchgeführt werden, aber sie können sie über den Tag verteilt absolvieren. Jede Übung bitte jeden Tag durchführen!

- Auf die Qualität der Ausführung achten

1.) 10 x ein Stockwerk hinauf und hinuntergehen. Tempo angepasst. Vielleicht ab und zu jede 2. Stufe nehmen

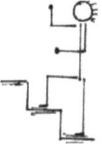

2.) Wandsitzen: Lehnen Sie sich mit dem Rücken an eine Wand. Gehen Sie in die Knie und verharren Sie, mit den in 90 Grad angewinkelten Beinen, in dieser Position. Halten Sie die Position 30 Sekunden!

3.) Hampelmann: In die Grätsche springen und währenddessen die Hände über den Kopf zusammenschlagen. Springen Sie 30 Sekunden.

4.) Stellen Sie sich gerade hin und nehmen eine 1,5 Liter Flasche (gefüllt) in eine Hand und strecken diese waagerecht noch vorne. Beugen Sie nun, in aufrechter Körperhaltung, den Arm mit der Flasche mit Kraft in Richtung Schulter. Jede Seite 30 Wiederholungen.

5.) Seitlicher Sprung im Ein-Bein-Stand: Stellen Sie sich in Grätsche-Stellung aufrecht hin, die Füße sind dabei mehr als schulterweit auseinander.

Springen sie nun seitlich in den Ein-Bein-Stand. Bleiben Sie nun 4 Sekunden auf Ihrem „Landebein" stehen, das andere bleibt in der Luft. Aus dieser Stellung springen Sie zur anderen Seite in den Ein-Bein-Stand und halten wieder 4 Sekunden. Jede Seite 4 Sprünge, 2 – 3 Durchgänge

# Eigene Notizen

# Eigene Notizen

# Kapitel 7

## *Dieses Kapitel beschäftigt sich mit gesunden Tipps*

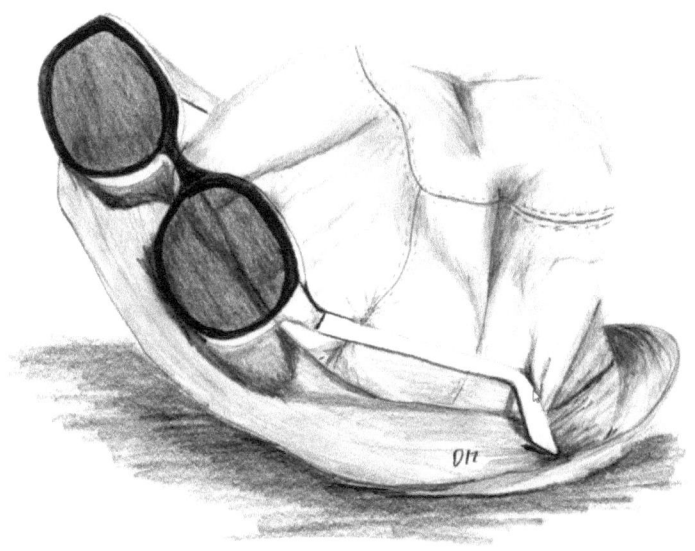

**Blasen:** Das ist eine der Blessuren, die wahrscheinlich fast jeder schon mindestens einmal im Leben hatte.

Der wichtigste Tipp: Laufen Sie nicht in brandneuen Schuhen los. Kaufen Sie diese in der richtigen Größe. Beim Abrollen des Fußes muss dieser in der Länge genügend Platz haben. Spezielle Wandersocken sind an den Fersen, an den Zehen und an der Seite gepolstert. Weiterhin verhindert ein vorheriges Eincremen der Füße die Blasenbildung, da es zu weniger Reibung kommt. Hier ist teure Creme nicht vonnöten, es reicht Melkfett, Hirschtalg oder ähnliches. Auf keinen Fall Nivea oder andere wasserhaltige Cremes benutzen. Nur eine Fettschicht verhindert die Reibung! Ich verweise auch noch einmal auf die Funktionssocken, da diese die „Vorsorge" vervollständigen.

**Sonne und Sonnenschutz:** Dieses Thema ist sicherlich für niemanden neu. Wir wissen alle, dass zu viel Sonne Sonnenbrand hervorruft. Und dieser kann unangenehme und später auch gefährliche Folgen haben.

Und doch möchte ich kurz dieses Thema anschneiden! Die meisten bedenken nicht, dass im Hochsommer unsere Kleidung, die dann meist luftiger und in der Regel nicht so dicht gewebt ist, lediglich einen Lichtschutzfaktor von 5 – 15 hat. Das kann zu Sonnenbrand auch durch die Kleidung hindurch führen.

Des Weiteren sollte man bedenken, dass auch bei bewölktem Himmel eine UV- Strahlung vorhanden ist.

Generell ist man auf der sicheren Seite, wenn man auch an einem grauen Tag einen leichten Sonnenschutz, z.B. eine Tagescreme mit Lichtschutzfaktor aufträgt. Wichtig: Im Winter ist es nicht warm, aber die Sonne brennt dennoch ganz schön vom kalten, blauen Winterhimmel! Schutz ist dringend erforderlich!

Wer nun oft in der Natur unterwegs ist, sollte sich auch über die Altersfolgen der Sonne im Klaren sein. Damit meine ich nicht die Fältchen oder Falten! Gemeint sind die Pigmentveränderungen der Haut, die durch Sonnen-und Lichteinstrahlung entstehen. Dazu braucht es keine langen Sonnenbäder, auch eine Wanderung führt bereits dazu! Mir hat einmal ein Hautarzt den Tipp gegeben, niemals ohne Lichtschutzfaktor nach draußen zu gehen. Zudem, je älter ein Mensch wird, umso mehr nimmt die Gefahr zu, an Hautkrebs zu erkranken.

Beim Eincremen den Nacken und die Schultern, hier trifft die Sonne steil von oben, die Lippen, bei den Männern die Glatze, evtl. die Ohren nicht vergessen. Gute Dienste leistet ein atmungsaktiver Sonnenhut.

**Sonnenbrand**: Sofort raus aus der Sonne! Wenn das nicht geht, ein Tuch oder ähnliches überlegen. Sonnenbrand ist allerdings meist erst nach 4 – 6 Stunden in seinem ganzen Ausmaß zu erkennen. Aus diesem Grund kommt es oft zu starken Verbrennungen, da man ihn vorher nicht als schlimm empfindet.

Kühle Duschen, kalte Umschläge, entzündungshemmendes Gel, Umschläge mit Quark, Joghurt oder kaltem Kamillentee ziehen die Hitze aus dem Brand.

Übrigens: Der Höhepunkt eines Sonnenbrandes ist erst nach 14-20-Stunden erreicht!

**Sonnenallergie**: Erkennt man an fleckigen Rötungen, Ekzemen und Pusteln. Hier muss man zum Arzt gehen.

Gefährlich wird die Sonne auch, wenn sie zu lange auf den Kopf- und Nackenbereich strahlt. Dann kann es zum →

**Sonnenstich** kommen. Eine lang andauernde, direkte Sonneneinstrahlung auf den Kopf hat oft eine Irritation der Hirnhaut und des Hirngewebes zur Folge. Der Körper reagiert auf diese Irritation mit einer Entzündungsreaktion.

Der Sonnenstich äußert sich durch Schwindel, Kopfschmerz, Übelkeit bis zum Erbrechen, Ohrgeräusche, Benommenheit, innere Unruhe, Abgeschlagenheit, erhöhter Pulsschlag, und Nackenschmerz bis hin zu Nackensteife. Die Körpertemperatur ist fast immer normal.

In schweren Verlaufsfällen kann es zu Bewusstseinsstörungen, bis hin zu Bewusstlosigkeit und Kreislaufversagen kommen.

Einem Sonnenstich kann durch das Tragen einer hellen Kopfbedeckung vorgebeugt werden.

**Schwitzen**: Manch einer schimpft, wenn er stark schwitzt. Aber das ist das Beste für den Körper bei Hitze.

Über die Verdunstungskälte des Schweißes auf der Haut reguliert er seine Temperatur!

**Die ausgeschwitzte Flüssigkeit muss ersetzt werden, ansonsten**: Siehe zu wenig Flüssigkeitsaufnahme.

Der Körper braucht aber auch Salze und Mineralien. Diese gehen beim Schwitzen ebenso verloren und müssen ersetzt werden. Zudem bindet das Salz Wasser im Körper und hat damit eine unmittelbare Auswirkung auf den Blutdruck. Je mehr Wasser im Körper, desto höher der Blutdruck; das ist bei großer Hitze gut. Jeder kennt sicher das Blutdruckproblem bei Hitzebelastung: Er geht in den Keller, wir fühlen uns schlapp, müde und schwach. Eine Tasse Brühe oder ein paar Salzstangen wirken Wunder und wirken auch recht schnell. Vorsicht ist geboten bei Personen, die schon einen sehr hohen Blutdruck haben!!!

**Zu wenig Flüssigkeitsaufnahme kann drastische Folgen haben:**

**Hitzekrampf**: Er ist die **erste Warnung!**

Ein Hitzekrampf entsteht durch einen Mangel an Flüssigkeit und Elektrolyten infolge von erhöhtem Schwitzen, vor allem bei starker Belastung!

Die Symptome sind Krämpfe in der belasteten Muskulatur, häufig auch schmerzhaft. Und dies bei normaler Körpertemperatur, ohne Kreislaufbeschwerden oder einem Anstieg der Körpertemperatur.

Stark mit Salz gewürzte Suppen oder Elektrolytgetränke bessern beim Hitzekrampf meist die Beschwerden.

Ganz wichtig: Dieses Problem kann auch bei kalten Temperauren entstehen, wenn viel zu wenig getrunken wurde. Dann spricht man von Muskelkrämpfen durch Überlastung! Diese sind fast immer eine Folge von zu wenig Flüssigkeitsaufnahme.

Auch in der Nacht nach einer Anstrengung kann es zu diesen Krämpfen kommen.

**Hitzeerschöpfung: Die zweite Warnung!**

Wenn immer noch nicht genug getrunken wird, kommt es durch Flüssigkeits- und Elektrolytverlust zu einer Abnahme des Flüssigkeitsvolumens. Die Körpertemperatur erhöht sich nicht, aber das Blutvolumen im Kreislauf verringert sich.

Denn das Blutvolumen ist immer vom allgemeinen Flüssigkeitsvolumen abhängig. Das passiert, wenn man nicht genug Flüssigkeit zuführt und gleichzeitig stark schwitzt. Wenn nun das Blutvolumen durch diesen Wasserverlust vermindert wird, kommt es zu einem Kreislaufversagen.

Die Symptome sind Kopfschmerzen, Schwindel, Übelkeit, Bewusstseinsstörungen bis hin zur Bewusstlosigkeit. Die Haut ist zuerst gerötet, dann blass und feucht. Der Puls ist schnell, der Blutdruck niedrig, die Atmung schnell und flach.

Stellt der Körper nun mangels Wasservorrat das Schwitzen ein, kommt es zum:

**Hitzeschlag: Die dritte und letzte Warnung!**

Es findet keine Verdunstungskühlung mehr statt!

<u>Folgen sind</u>: hohes Fieber, erhöhte Herz- und Atemfrequenz. Auch Schwindel, Kopfschmerzen und Müdigkeit treten meist auf. Ein Hitzeschlag tritt sehr schnell ein und erfordert umgehende ärztliche Hilfe. Bis diese eintrifft, muss der Betroffene so gut wie möglich gekühlt werden.

Ab etwa 40 °C Körpertemperatur tritt die Gefahr des:

**Hitzekollaps** auf.

Dieser ist eine Ohnmacht aufgrund einer hitzebedingten Erweiterung der Blutgefäße. Es ist eine Fehlfunktion des Kreislaufsystems. Als Folge des Wassermangels hat der Körper das Schwitzen eingestellt, seine Temperatur wird immer höher, das Blutvolumen hingegen immer niedriger.

Um den Körper zu kühlen, weiten sich die Gefäße mehr und mehr.

Da die zirkulierende Blutmenge nun dermaßen gering ist, sackt das Blut in die unteren Regionen ab. Das Herz bekommt nicht mehr genug Blut, um es weiter zu pumpen. Der Blutdruck wird drastisch verringert, das Gehirn bekommt ebenfalls als Folge nicht genügend Blut. Bewusstlosigkeit bzw. Ohnmacht ist die Folge.

Die wichtigste Maßnahme in der ersten Hilfe besteht darin, den Patienten in den Schatten oder eine kühle Umgebung zu bringen. Ist der Patient noch bei Bewusstsein, sollte er in die Schocklage gebracht werden. Ein bewusstloser Patient muss in die stabile Seitenlage gebracht werden, sofern er noch normal atmet. Atmet ein bewusstloser Patient nicht (Atemstillstand), muss eine Herz-Lungen-Wiederbelebung erfolgen.

## Gesunde Tipps 115

Fazit – Sie sehen wie wichtig der Wasser – und Mineralienhaushalt für uns alle ist. Für Wanderer oder andere Ausdauersportler hat er eine lebenswichtige Bedeutung.

**Zu wenig trinken kann sehr gefährlich werden!**

**Verdunstungskälte** ist eine bei Hitze erwünschte Funktion, die den Körper kühlt. Wer nun Funktionsbekleidung in allen Schichten trägt, profitiert doppelt. Durch den Transport des Schweißes nach außen, wird der Körper auf Temperatur gehalten, aber die körpernahe Schicht trocknet sehr schnell, sodass man nicht auskühlt. Wer im nassen Shirt oder Hemd länger sitzt, weiß genau, wie unangenehm die Folgen sein können. Von Erkältung über Verspannungen ist hier alles möglich.

**Zecken und anderes Ungemach**

Die Zecke ist wohl das Insekt, welches uns die meisten Sorgen bereitet. Sie überträgt sowohl FSME, die gefürchtete Hirnhautentzündung, als auch die Borreliose. Letztere ist eine Krankheit, die das Nervensystem angreift. Gegen FSME sollte man sich unbedingt impfen lassen. Gegen die Borreliose gibt es nur einen Schutz: Am Abend nach der Wanderung den Körper gründlich untersuchen, und zwar zweimal! Denn die Zecken suchen sich oft ein warmes Fleckchen und stechen erst später zu.

Ist eine Zecke da, muss sie raus. Sie fallen nicht von den Bäumen, sondern sitzen bis 1,50m Höhe recht niedrig. Der Wanderer streift sie im Vorbeigehen ab. Als Schutz haben sich lange Hosen, auch im Sommer und ein gutes Abwehrmittel, z.B.: von Autan oder Anti Brumm bewährt. Diese Repellents (Abwehrmittel) helfen auch gut gegen die anderen Plagegeister.

Übrigens, die allgemein gefürchteten **Kriebelmücken** finden sich nur an sauberen Fließgewässern. Bei Wind haben sie die höchste Aktivität.

**Bremsen** leben an allen Gewässern in der Nähe von Viehweiden.

Besonders unangenehm sind die **Gnitzenstiche**. Diese Bartmücken, bzw. ihre Larven leben an Land, im Schlamm, stehenden Gewässern, feuchten Wiesen, Kuhfladen, Totholz. Manche Sorten aber auch im Wasser. Sie schlüpfen und schwärmen in Massen aus.

Die Stiche jucken sehr stark, bilden Pusteln, Quaddeln sogar Blasen, welche mehrere Tage, teils bis zu einem Monat anhalten.

### Insektenstiche und Allergien

Es gilt allgemein, dass jeder gesunde Mensch auch allergische Reaktionen haben kann. Doch nur bei Insektengiftallergikern können die Stiche gefährliche Folgen haben. Hier geht es oft um Leben und Tod, da bei diesen Menschen das Insektengift zum Kreislaufkollaps führen kann.

Bei allen auffälligen Reaktionen, die über „das normale Maß" hinausgehen, suchen Sie bitte einen Arzt auf. Manchmal muss eine Cortisonsalbe angewendet werden.

### Pollen und Allergien

Wer eine Pollenallergie hat, kennt sich selbst wahrscheinlich am besten aus. Vor dem Wandern macht es Sinn, zusätzlich die Pollenvorhersage zu beachten. Auf dem Land ist der Pollenflug am Vormittag am stärksten, leichter Wind wirbelt die Pollen stark auf. Starker Wind dagegen verteilt sie weiträumig, so dass die Belastung sinkt.

### Herz- und Kreislauf

Zunächst einmal ist Wandern, wie schon vorher gesagt, ein Sport, der nicht auspowert. Zumindest sollte er das nicht. Wer sich nach einer Wanderung so fühlt, hat die falsche Belastung z.B. zu schnell, zu weit, zu steil, etc. gewählt! Regelmäßig betrieben, stärkt und trainiert Wandern unser Herz- Kreislaufsystem hervorragend.

Menschen mit einem Herzleiden oder Bluthochdruck sollten auf eine geringere Belastung achten! Es ist gesünder langsamer aber stetig zu wandern, als schnell und immer wieder stehen zu bleiben. Ganz wichtig: fließende Übergänge von der Ruhe zur Belastung und umgekehrt.

Das bedeutet: Nicht abrupt beginnen oder aufhören.

Wichtig: Nach einem Anstieg langsam weitergehen. Wer nach einer größeren Belastung stehen bleibt, kann erleben, dass das Blut in die Beine sackt und der Blutdruck abfällt! Eine Studie besagt, das Wandern, regelmäßig betrieben, die Wahrscheinlichkeit, einen Infarkt zu bekommen nicht nur bei Herzpatienten nachhaltig senkt.

**Knochen, Gelenke, Sehnen und Bänder:** Sie alle profitieren vom Wandern. Zum einen werden die Gelenke durch die sogenannte Gelenkschmiere beweglich gehalten. In kleinen Mengen ist diese Schmiere immer da, wird jedoch in größerer Menge durch Bewegung produziert. Die Gelenke profitieren aber nicht nur durch die Bildung der Gelenkschmiere: Denn Wandern ist eine ganzheitliche Bewegung und es wird der Stoffwechsel des ganzen Körpers angeregt. Gelenke, Bänder, Knorpel und Sehnen werden aus diesem Grunde besser mit Nährstoffen versorgt und zunehmend kräftiger.

**Bänderriss, Sehnenzerrung, Verstauchungen**, usw..

Unterwegs können natürlich viele Sachen passieren. Wichtig ist, dass man sich darüber im Klaren ist, dass immer mal etwas passieren kann. Aber nicht die Angst sollte mit wandern, sondern die Achtsamkeit!

Im Falle eines Falles: Sie haben durch meine Tipps nun sicher ein Handy, eine gute Karte oder Begleitungen dabei, die sich um Sie kümmern werden. Und natürlich ein 1.Hilfe-Set!

**Muskulatur** Diese wird kräftiger, der Körper allgemein sehniger. Das ist sehr wichtig, da die Gelenke nun geschont und von kräftigen Muskeln und Sehnen gestützt werden! Die benötigte Kraft kommt aus der Muskulatur und belastet die Gelenke viel weniger. Aber leider kommt es auch oft, gerade zu Beginn zum:

**Muskelkater!** Der ist unangenehm, aber nicht schlimm. Bei fortscheitendem Muskelaufbau wird er immer seltener.

Vorbeugen kann man, indem man nach einer langen Wanderung heiß duscht oder badet. Noch wirksamer, ist das kalte Abbrausen der Beine.

Mein Tipp: Den ganzen Körper warm duschen, den Nacken und Schulterbereich so heiß wie es geht abbrausen. Und zum Schluss die Beine an der Außenseite beginnend, von unten nach oben, weiter die Innenseite von oben hinunter eiskalt abbrausen. Jedes Bein 3x. Das ist unglaublich wohltuend. Im Anschluss vielleicht noch eine erfrischende Lotion und die Beine und Füße fühlen sich wieder wie neugeboren! Das so oft gepriesene Magnesium hat laut Studien übrigens keinen Einfluss auf Muskelkater oder Krämpfe.

**Fettverbrennung** Der Wanderer bewegt sich meistens in einem Bereich, in dem der Körper Fett verbrennt. Man nennt das die aerobe Zone.

Der Körper benötigt beim Wandern eine Menge Energie, powert sich aber nicht aus wie z.B. beim Leistungssport. Die Energie holt er sich aus Nährstoffen wie Kohlenhydraten und Fett. Wenn Sie nun meine Tipps aus dem Ernährungsteil beachten und wenig Weißmehlprodukte, Fertiggerichte und Zucker zu sich nehmen, werden Sie feststellen, dass Ihr Körper sich verändert. Ihr Körper greift auf die Fettreserven, vor allem an Po und Bauch, zurück.

Vorausgesetzt natürlich, sie bleiben in Bewegung und füllen Ihr Fettdepot nicht wieder an der nächsten Kuchentheke auf☺.

**Unterzuckerung** Ein Thema welches, genau wie das Trinken, oft ignoriert wird. Wenn Sie das Kapitel Ernährung gründlich gelesen haben und berücksichtigen, sollte es bei Ihnen nicht so schnell zu einer Unterzuckerung kommen können.

Wie kommt es eigentlich dazu?

Eine Unterzuckerung entsteht immer dann, wenn ein höherer Verbrauch von Glukose besteht, als der Organismus bereitstellen kann. Beim Wandern in der Regel durch nicht genügende oder falsche Ernährung. So einfach ist das.

**Eine Unterzuckerung bedeutet für den Organismus großen Stress, der tödlich enden kann!**

Folgende Symptome sind eine Vorwarnung: innere Unruhe und Reizbarkeit, starkes Schwitzen, Zittern, vor allem zittrige und kraftlose Beine, blasse Haut, weiße Lippen, Herzrasen und Blutdruckanstieg, Übelkeit bis zum Erbrechen, müde, nichts geht mehr, Kopfschmerzen, Wenn weiter nichts gegessen wird und die Belastung anhält, kann die Unterzuckerung zu Schwindel, Desorientiertheit, Sprachstörungen und Ohnmacht führen.

**Mit Erkältung unterwegs?** Ja, wenn Sie nur erkältet sind. Manches Mal hat bei mir eine nicht zu anstrengende Wanderung die Erkältung verschwinden lassen.

Sie sollten auf gar keinen Fall auf Wanderschaft gehen, wenn Sie Fieber, Gliederschmerzen oder Entzündungen haben.

Sind Entzündungen im Spiel, können die Erreger durch die höhere Herzfrequenz schneller durch den Körper transportiert werden. Sie kommen unter Umständen irgendwohin hin, wo man sie nicht haben will, z.B. im Herzen.

**Ältere Wanderer, Menschen mit Erkrankungen**

Es hilft nur eines: Die Wanderung muss zu mir und meinem Leistungsprofil passen. Doch ab und zu muss man einmal aus sich herausgehen, sich etwas zutrauen. Wer nur denkt „och, das kann ich nicht" und „ob das wohl geht" weiß vielleicht gar nicht, ob etwas geht. Verweichlichen und in Watte packen bringt auch nicht weiter. Ab und zu muss man seinen inneren Schweinehund überwinden.

Aber herausfinden kann das nur jeder für sich. Es sollte abgewogen werden, ob mir ein bisschen Anstrengung gut tut oder ob ich meine Gesundheit damit aufs Spiel setze.

**Phototoxische Reaktion durch Medikamente und Pflanzen**

Durch Medikamente kann es zu einer viel empfindlicheren Haut kommen. Sie neigt dann schneller zu starkem oder sogar übermäßigem Sonnenbrand.

Zudem kann es, vor allem in Verbindung mit der Sonne, zu einer enorm starken Reaktionen kommen z.b. Rötungen, Brennen, Juckreiz, Stechen, Ödembildung, sogar Brandblasen sind möglich.

Unter Anderem können folgende Medikamente dazu führen:

Isotretinoin – gegen Akne

Hydrochlorothiazid – Mittel zur Entwässerung

Antirheumatikum, z.B.: Naproxen, Piroxicam, Ketoprofen, Ibuprofen

Verschiedene Antibiotika z.B.: Tetracyclin und Minocylin

Amiodaron – gegen Herzrythmusstörungen

Hypericin – gegen Depressionen; auch in Johanniskraut vorhanden

Acetylsalicylsäure ( Aspirin!!!!) (Diese Liste ist nicht vollständig)

## Toxische Reaktionen sind auch bei direktem Kontakt mit verschiedenen Pflanzen möglich

Dass die Brennnessel eine toxische Reaktion hervorruft, weiß ein jeder. Das Brennen und die Quaddeln hat wahrscheinlich jeder schon einmal kennen lernen dürfen.

Ähnliche Reaktionen gibt es auch bei Efeu, Narzissen, Bärenklau, Weihnachtsstern, Knoblauch, Zwiebel und Senf.

Diese Reizungen können durch Sonnenlicht, Sonnenstrahlen verstärkt werden. Die Sonnenstrahlen treffen auf die reagierenden Hautstellen und wirken dort wie ein Brennglas.

Aus der toxischen Reaktion wird eine **phototoxische** Reaktion. Die Sonne verschlimmert die Reaktion und deren Folgen um ein Vielfaches. Aus den Quaddeln werden unter Umständen große Stellen, an denen sich, wie bei einer Verbrennung die Haut in Blasen ablöst.

Photo steht hier für Photoprozesse: Das sind Prozesse, bei denen das Sonnenlicht maßgeblich beteiligt ist.

**Kontaktallergische Reaktion** = hier verbirgt sich ein anderer Wirkmechanismus, aber die Hautreaktion ist nicht von einer toxischen Reaktion zu unterscheiden.

Chrysanthemen, Primeln, Lilien, Arnika, Kamille, Astern sind einige der Pflanzen. Kontakt mit diesen in Verbindung mit der Sonneneinwirkung, kann zu Rötungen, Blasen, Juckreiz und Brennen führen. Die Sensibilität der Person spielt natürlich immer eine große Rolle.

**Man kann ja nun schon Angst bekommen,**

nach all diesen Tipps und Erklärungen. Ihnen fallen sicherlich noch einige mehr ein.

Es ist wichtig, sich mit den unangenehmen Dingen auseinander zu setzen. Nur dann bin ich vorbereitet und aufgeklärt, falls etwas passiert. Zumindest bin ich nicht unvorbereitet. Hüten sollte man sich jedoch davor, ständig darüber nach zudenken, was alles passieren könnte.

Es ist eine gefährliche Welt, da draußen, vor der Türe. Beim Wandern bin ich unterwegs in der Natur, habe vielleicht keinen Handyempfang.

Ich verlasse ganz bewusst meine Komfortzone. Ich mache mich auf den Weg durch Regen, Sonne, Sturm. Steinige Wege, rutschige Pfade. Was da alles passieren kann! Immer und überall kann etwas passieren, permanent lauern Gefahren auf uns.

Jeden Tag ereilen uns aufs Neue Schreckensmeldungen. In der Regel betreffen sie uns selber nicht. Manchmal aber sind wir selber das Opfer einer Schreckensmeldung. Dann hat es uns erwischt. Sind wir vorbereitet? Wahrscheinlich nicht.

Das Wichtigste ist, wie gehen wir damit um?

Lassen wir uns nun aus unserer Umlaufbahn werfen, rutschen wir nun den ganzen Berg, den wir doch soeben mühsam erklommen haben, wieder hinunter?

Bleiben wir liegen, nehmen wir unser Schicksal an und fügen uns still? Oder suchen wir ganz andere, neue Wege? Probieren wir etwas anderes aus, was uns zum Ziel führt? Vor allem, bleiben wir dran, wenn wir uns einmal auf den Weg gemacht haben?

Dieses Dranbleiben, Durchhalten, neue Wege suchen und auch einmal die Zähne zusammenbeißen und etwas aushalten, lässt sich wunderbar auf langen Wanderungen trainieren. Wenn ich hier etwas schaffe, mit einem Rucksack beladen, dessen Inhalt aufs Nötigste reduziert ist, macht mich das auf gewisse Art und Weise stark.

Ich bereite mich auch auf eventuelle Notfälle vor. Falls ich mich verletze, habe ich ein Pflaster zum Verbinden, jedoch keine Rote Kreuzausrüstung dabei. Ich gehe hinaus, ich traue mir was zu und ich bin auch vorbereitet.

Auch hier erleben wir wieder die Gratwanderung von genug oder zu viel.

Durch das Leben laufen und denken „Mir kann doch nichts passieren" ist genauso fatal wie der ständige Gedanke „ Hoffentlich passiert nichts". Der Mensch, der denkt, ihm könnte niemals etwas passieren, kann sehr tief fallen, wenn ihm doch etwas passiert. Er ist nicht vorbereitet!

Der Mensch, der immer wieder Ängste durchlebt, ob etwas passiert oder nicht, dem passiert höchstwahrscheinlich oft etwas. Er erwartet es ja. Und da er aus diesem Grunde ganz besonders vorsichtig ist, wird er immer ängstlicher und unsicherer und es passiert immer mehr.

Da er in einer gewissen Erwartungshaltung innehält, passiert ihm vor allem, dass das Leben an ihm vorbei zieht. Ein kleines bisschen Pessimismus, aber einer, der uns nicht lähmt und runter zieht, sondern einer, der uns befähigt, umsichtig zu denken, ist der bessere Optimismus.

Denn diese Einstellung eröffnet uns die Möglichkeit, über eventuelle Folgen nachzudenken, verschiedene Szenarien durchzuspielen, um dann ein wenig umsichtiger und vorbereiteter durch das Leben zu gehen.

Zumindest betrifft das alles, was ich mir vorstellen kann. Unvorstellbare Überraschungen hat das Leben genug im Gepäck!

Auf eine Wanderung bezogen: Nr.1 läuft, ohne sich über irgendwelche Folgen Gedanken zu machen, den Berg hinunter, stürzt und hat, da ihm ja sowieso nichts passiert, kein Verbandszeug dabei. Das Gejammer ist groß.

Nr.2 „ schleppt Verbandszeug in riesiger Menge mit, der Rucksack ist unglaublich schwer. Zudem setzt er sehr ängstlich Fuß vor Fuß. Folge: Nr. 2 kommt gar nicht dazu, den Abstieg zu wagen. Der Rucksack ist viel zu schwer und die Angst bremst ihn aus.

Nr. 3 macht sich im Vorfeld Gedanken über die Wegbeschaffenheit und was passieren könnte, wenn er zu schnell hinunterläuft.

Er packt eine kleine Notfallausrüstung ein und setzt umsichtig Fuß vor Fuß. So geht er ruhig und aufmerksam den Abstieg hinunter. Die nächste Überraschung kommt hinter einer Kurve, vielleicht gilt es einen Wildbach zu queren…

Also: Seien Sie vorbereitet, aber nicht überängstlich. Trauen Sie sich etwas, Sie werden daran wachsen. Werden Sie zum optimistischen Pessimisten!

Erlernen Sie die Fähigkeit, sich die Folgen Ihres Handelns bewusst zu machen und hüten Sie sich vor übertriebenen Ängsten. Das Leben ist schön, Sie haben Einfluss auf Ihr Leben, und Sie sind stark.

Halten Sie inne und lernen Sie sich selbst zu spüren, wahrzunehmen wie es Ihnen geht, was Ihnen fehlt, was Sie brauchen. Und holen Sie es sich!

Wir leben auf vier Ebenen: Die Seele, der Körper, der Verstand, die Gefühle.

Über all dem ist das SELBSTBEWUSSTSEIN angesiedelt.

Alle 4 Ebenen haben Bedürfnisse, um alle vier muss man sich kümmern. Wird eine der Ebenen krank, ziehen die anderen nach. Sind zum Schluss alle krank, weiß keiner mehr woher es eigentlich kommt.

Eine Vorstellung: Der Mensch ist ein Haus mit vier Zimmern. In einem ist die Seele zu Hause, im Zimmer nebenan schaltet der Verstand. Im dritten wohnt alles Körperliche und im vierten alle

Emotionen. Der Mensch soll sich seiner selbst so bewusst sein, dass er jeden Tag mindestens einmal in jeden Raum geht: Einmal nachschauen, ob dort alles in Ordnung ist. Wie geht es heute meinem Körper? Tut etwas weh? Welche Emotionen und woher? Muss mein Verstand zu viel arbeiten oder hat er Langeweile? Wie geht es der Seele? Ist alles ok, so hat man auf jeden Fall einmal gut gelüftet.

Das ist Aufmerksamkeit und Umsicht.

Das ist Achtsamkeit!

**Trainingstipps für die nächste Woche:**

Bei der Ausführung der Übungen beachten Sie bitte Folgendes:

- Gleichmäßig weiteratmen

- Auf die Körperhaltung achten

- Die Übungen langsam und schmerzfrei durchführen

- Niemals ein Hohlkreuz machen

- Die einzelnen Übungen sollten zwar an einem Stück durchgeführt werden, aber sie können sie über den Tag verteilt absolvieren.

Jede Übung bitte jeden Tag durchführen!

- Auf die Qualität der Ausführung achten

1.) 10 x ein Stockwerk hinauf und hinunter gehen. Das Tempo in dieser Woche weiter ein wenig anpassen und ab und zu nur jede 2. Stufe nehmen.

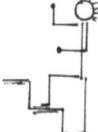

2.) Tiefe Hocke: Dazu stehen die Füße hüft-weit auseinander. Nun gehen Sie mit leicht vorgebeugtem Oberkörper, so langsam wie möglich in die Hocke. Die Fersen bleiben dabei auf dem Boden. Versuchen Sie das Gesäß soweit wie möglich nach unten zu bringen. 4 Sekunden runter, 4 Sekunden rauf, also wirklich sehr langsam. 2 x 10 Wiederholungen.

3.) Stellen Sie einen Stuhl sicher an eine Wand. Setzen Sie sich rückwärts an den Stuhl und stützen Sie sich mit Ihren Händen an der Sitzfläche des Stuhles ab. Das Gewicht Ihres Körpers ruht auf den Fersen. Drücken Sie sich nun mit Ihren Armen nach oben und senken Sie den Körper wieder hinab. Sie werden das Brennen im hinteren Teil Ihres Oberarmes sehr schnell verspüren. Diese Übung 30 Sekunden durchführen

4.) Gehen Sie in den Vierfüßler-Stand. Das heißt: Ihr Gewicht ruht auf den Händen/Armen und den Knien/ Unterschenkeln. Der Rücken darf nicht durchhängen. Strecken Sie den linken Arm nach vorne und das rechte Bein nach hinten. Schön gerade. Führen Sie sie unter dem Körper diagonal zusammen. Je Seite 20 Wiederholungen, dann Wechsel.

5.) Legen Sie sich langgestreckt auf den auf den Bauch. Heben Sie den Oberkörper etwas an. Wichtig; der Blick bleibt Richtung Boden! Winkeln Sie beide Arme seitlich an und ziehen Sie sie nach hinten in Richtung Schulterblätter. Der Oberköper öffnet sich. Halten Sie diese Position 30 – 60 Sekunden

# Eigene Notizen

# Eigene Notizen

# Kapitel 8

## *Motivation: Weitermachen oder Aufhören?*

Haben Sie schon mit dem Wandern begonnen? Sind Sie schon auf dem Weg?

An alle Leser, die vor dem Lesen des Buches schon unterwegs waren, haben Sie auf Ihre Wahrnehmungen achtgegeben? Konnten Sie die Verbindung, die zwischen der körperlichen Betätigung „Wandern" und dem „echten Leben" besteht, fühlen?

Standen Sie schon vor einem Berg und haben an sich gezweifelt, ob Sie es schaffen?

Hat ein starker, schlimmer Muskelkater Sie gequält? Vielleicht hatten Sie eine unglückliche Wanderplanung, einen schlecht sitzenden Rucksack oder drückende Schuhe? Unter Umständen sind Sie ganz furchtbar nass geworden oder sonstige Widrigkeiten haben Ihnen das Leben schwer gemacht?

Motivation = Anregung, Anstoß, Antrieb, Anlass, treibende Kraft.

Was macht man, um „dranzubleiben"? Wie kann ich mich motivieren, wenn das „einfach weitermachen" nicht funktioniert.

Es gibt ein sehr einfaches Hilfsmittel. Es ist so einfach, dass es einem meistens gar nicht einfällt.

Führen Sie Buch, schreiben Sie sich all die schon erreichten Punkte auf.

**Schreiben Sie schöne Erlebnisse auf.**

Führen Sie eine Art Tagebuch. Jede Wanderung wird mit Strecke, gegangenen Kilometern, Auf- und Abstiege notiert. Schreiben Sie sich auf, was Ihnen besonders gut gefallen hat.

Schreiben Sie nicht auf, was nicht gut war! Halten Sie die positiven Erinnerungen fest. Die negativen Eindrücke kommen viel zu schnell von ganz alleine. Natürlich wollen wir daraus lernen.

Wenn der Schuh gedrückt hat, muss ich Abhilfe schaffen. Wenn ich eine schlechte Planung gemacht habe, muss ich es beim nächsten Mal besser machen.

Aber motivieren Sie sich anhand Ihrer Erfolge! Das, was Sie imstande sind zu leisten, können Sie an den letzten Einträgen ganz einfach ablesen.

Wenn Sie zweifeln, ob Sie eine anstehende Höhenwanderung mit einer bestimmten Länge schaffen, dann lesen Sie einfach in Ihrem Tagebuch nach. Vielleicht haben Sie ja schon einmal eine ähnliche Wanderung gemacht und haben sich notiert:" Zum Schluss war ich müde, aber sehr stolz auf mich. Es war sehr anstrengend, ich war sehr erschöpft, aber es war wunderschön".

Möglicherweise heften Sie zu den Wandereinträgen, in Ihrem Tagebuch, auch ein oder zwei Fotos. Das rundet die Erinnerung ebenfalls noch besser ab.

**Das ist Selbstmotivation!**

Ja, ich setze mich auch mit den unangenehmen Dingen auseinander, ich leugne sie nicht oder tue sie leichtfertig ab. Doch ich weiß, dass ich am Ende belohnt werde.

Ein weiterer persönlicher Tipp: **Sammeln**!

Sammeln Sie alles, was Sie zum Thema Wandern finden. Nützliche Tipps, Ideen, Anregungen, wo Sie eine Wanderung machen könnten. Neue Gegenden, neue Wege. Neues macht das Leben spannend, bunt und vielfältig. Unterwegs mitgenommene Prospekte oder Ähnliches machen Lust auf weitere Exkursionen.

Heften Sie alles geordnet ab und nehmen Sie es immer mal wieder in die Hand. Bitte nicht in einer Ecke verstauben lassen, dort erfüllt es keinen Sinn.

Motivieren heißt auch: **Sich belohnen**! Das kann durchaus das Stück Kuchen im nächsten Café sein.

Das kann aber auch der Respekt vor sich selber sein, der sich einstellt, wenn man sieht, was man schon geleistet hat. Sich selbst belohnen, kann dann auch "An sich selber glauben" bedeuten!

Motivieren heißt aber auch: Manchmal muss man **ein wenig hart zu** sich selber sein.

Ein kleines bisschen über die Schmerzgrenze gehen. Meistens muss man nur für einen kleinen Moment stark sein und sich nicht dem „inneren Schweinehund" ausliefern. Diesen haben wir alle in uns. Er kennt nur ein Ziel: Eine kurzfristige Befriedigung und keine Anstrengung. Nein, er möchte so bequem wie nur eben möglich durch den Tag, am besten durch das ganze Leben zu kommen. Ihn interessieren keine langfristigen Ziele und so kommt er uns Menschen immer wieder in die Quere.

Seien Sie einen kleinen Moment stark! In diesem kleinen Moment ist die Last des Lebens am Schwersten und die Anstrengung riesengroß. Genau jetzt sollten Sie etwas härter als sonst gegenüber sich selber sein. Sie werden sehen, der kleine Moment geht schnell vorbei und Sie fühlen sich wieder wohl und motiviert. Und Sie sind stolz auf sich!

Zur Motivation können Sie sich auch die Frage stellen:

**Was für ein Mensch möchten Sie sein, in dem kurzen Moment, indem Sie leben?**

Beantworten Sie sich selber diese Frage ganz ehrlich. Stellen Sie sich vor: Sie gehen auf Wanderungen, Sie wandern über Stock und Stein, über Berg und Tal. Sie sind fit, unternehmungslustig, naturverbunden. Wie fühlt sich das für Sie an? Mögen Sie sich in dieser Rolle? Dann seien Sie der Mensch, der Sie sein wollen. Und wenn Sie es noch nicht sind, dann werden Sie einfach zu dem Menschen, indem Sie die Dinge, die in ihrer Vorstellung so verlockend erscheinen, einfach tun. Stellen Sie sich immer wieder vor, wie Ihr Leben aussehen würde, wie es sich anfühlen würde.

Denn über Ihre Vorstellungskraft wird es um einiges einfacher, dieses Ziel zu erreichen. Wenn Sie vor Ihrem inneren Auge jedoch sehen, das Sie die Sonntage auf dem Sofa verbringen, werden Sie wahrscheinlich niemals auf große Tour gehen, bzw. das Leben neu entdecken.

Mithilfe der Vorstellungkraft ist fast jedes Ziel erreichbar.

Ein weiterer Tipp: Wenn Sie einen Hang hinauf steigen, der genau wie im richtigen Leben sehr schwer und mühsam sein kann, so gebe ich Ihnen auch hier wieder den Tipp: Achten Sie, egal wie schwer es ist, auf die schönen Dinge, die trotz aller Last links und rechts des Weges sind.

Konzentrieren Sie sich nicht auf die Schwere, dadurch wird es nur noch mühsamer. Denken Sie auch nicht an das Stück Kuchen oder das Ende des Weges oder den nächsten Urlaub. Dann dauert der Weg nochmal so lang!

Schwer ist es so oder so, richten Sie Ihre Wahrnehmung also lieber auf all die tausend Dinge, die so wunderschön sind. Links und rechts des Weges, auch wenn er sehr anstrengend ist, gibt es viel Schönes zusehen. Auch jetzt gibt es dort Entdeckungen zu machen, die uns froh stimmen und uns gefallen.

Ich las vor kurzem eine Zeile die mich sehr berührte. Jemand wurde gefragt, woher er denn seine innere Stärke nähme. Die Antwort: „Ich bin nicht stark, aber ich will der Schwäche nicht nachgeben".

Der Befragte sprach mir aus der Seele. Motivation sollte von innen heraus kommen und nicht durch äußere Einflüsse. Sich selber motivieren ist die wichtigste und nachhaltigste Motivation.

Ich will mich meiner Schwäche nicht hingeben. **Ich** will über mich bestimmen und weder mein „Feind", mein innerer Schweinehund oder eine andere Hürde soll dies. Ich kann das, ich mache das und vor allem: Ich schaffe das! Wenn Sie sich des Öfteren fordern, auch schon mal über Ihre Grenzen gehen, natürlich ohne dass Sie sich schaden, dann stärken Sie Ihr Vertrauen in sich selber. Und wenn Sie später einmal in eine ähnliche Situation kommen, können Sie auf Ihren eigenen Erfahrungsschatz zurückgreifen, denn Sie haben es ja schon einmal geschafft.

Und dies motiviert ungemein, da Sie ja immer wieder Erfolgserlebnisse haben werden. Sei es bei einer schwierigen oder weiten Wanderung oder sei es bei anderen Dingen des alltäglichen Lebens.

Und dann heißt es: Ich kann das, ich mache das, ich will das, und ich schaffe das.

Das Beste zum Schluss: **Sie sind ungemein stolz auf sich selbst.**

Selbstmotivation ist doch gleichbedeutend mit

**Die Verantwortung für sich selber übernehmen.**

Jemand, der immer an sich selber zweifelt, verliert schnell den Mut." Ich schaffe das sowieso nicht, das brauche ich gar nicht erst zu versuchen". Manches Mal geht der Zweifler sogar hin und teilt seine Zweifel seinen Begleitern permanent mit. Im Prinzip fordert er aber etwas. Er wartet darauf, dass die anderen ihm sagen „Ach, komm doch. Du kannst das schon. Das wird bestimmt schön".

Er gibt seine Selbstverantwortung und auch seine Selbstmotivation ab! Die anderen sind aufgefordert, ihm zu sagen, was er kann. Tun sie es nicht, stürzt der Zweifler noch tiefer in seine Zweifel hinein.

Verantwortung für sich selber, Selbstmotivation und Selbststeuerung sind drei Fähigkeiten, die von Natur aus in uns stecken, aber oft verkümmern, weil sie nicht genug beachtet werden.

Die meisten treiben, dem Aktionismus verfallen, so vor sich hin. Da lockt z.B.: die Schokolade, obwohl man doch eigentlich auf sein Gewicht achten wollte. Man weiß, dass man aufgrund einer

Erkrankung das eine oder andere nicht mehr darf. Ob es dann aber tatsächlich umgesetzt wird, dieses „Nicht mehr dürfen", steht auf einem ganz anderen Blatt. Bei manch einem ist es sogar in einem ganz anderen Buch geschrieben. Und dieses Buch wird gar nicht erst aufgeklappt!

Um seinen „Feind": Krankheiten, Probleme und Widrigkeiten oder nur den „inneren Schweinehund" zu beherrschen, muss man sich mit ihm auseinandersetzen. Ihn kennen lernen, verstehen, wissen wie er funktioniert.

Wer wartet, bis dieser Feind erneut zuschlägt, einem zu schaffen macht oder in die Enge treibt, kann nicht frei handeln. Wer Gesundheitsprobleme hat, muss wissen, was die Auslöser sind. Unter welchen Voraussetzungen bin ich meinem „Feind" ausgeliefert. Und vor allem: Wie kann ich vorbeugen?

Dieses Wissen erleichtert den Umgang mit dem „Feind" sehr.

Wer nun denkt, „ach, heute geht es ja wieder" und alle Widrigkeiten ignoriert, der wird seinen Feind niemals beherrschen. Der lässt sich beherrschen.

Man muss wissen, wie der Feind - Krankheit oder „innere - Schweinhund" tickt. Nur dann kann man ihn in eine Falle locken!

Im ersten Moment fühlt sich dieses Auseinandersetzen natürlich nicht gut an. Denn egal um was es sich handelt, es ist ein schmerzender Punkt. Egal ob es Probleme sind oder Krankheiten, die man am liebsten nicht hätte.

Je länger die Auseinandersetzung, man kann auch sagen Kommunikation, aber dauert, umso weniger bedrohlich wird der Gegner! Der Feind, das Problem wird niemals verschwinden, aber wenn Sie ihn kennen, verliert er seine Bedrohung und damit einen großen Teil seiner Macht über Sie.

Und glauben Sie, jeder hat seinen „Feind" und im Laufe eines Lebens kommen weitere neue, unbekannte auf uns zu.

Gut aber, dass nicht nur „Feinde" unseren Weg kreuzen. Es kommen auch immer wieder „Freunde" in Form von Freuden auf uns zu, die uns glücklich und zufrieden machen.

Dazu ein wunderschöner Spruch von Edith Piaf:

Das Leben ist Wundervoll!

Es gibt Augenblicke, da möchte man sterben.

Aber dann geschieht etwas Neues

Und man glaubt, man sei im Himmel!

**Trainingstipps für die nächste Woche:**

<u>Bei der Ausführung der Übungen beachten Sie bitte Folgendes:</u>

- Gleichmäßig weiteratmen

- Auf die Körperhaltung achten

- Die Übungen langsam und schmerzfrei durchführen

- Niemals ein Hohlkreuz machen

- Die einzelnen Übungen sollten zwar an einem Stück durchgeführt werden, aber sie können sie über den Tag verteilt absolvieren. Jede Übung bitte jeden Tag durchführen!

- Auf die Qualität der Ausführung achten

> 1.) 10mal ein Stockwerk hinauf und hinunter gehen. Das Tempo in dieser Woche weiter ein wenig anpassen und ab und zu nur jede 2. Stufe nehmen

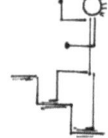

2.) Entengang in der tiefen Hocke: Dazu stehen die Füße hüft-weit auseinander. Nun gehen Sie mit leicht vorgebeugtem Oberkörper, so langsam wie möglich, in die Hocke. Die Fersen bleiben dabei auf dem Boden. Versuchen Sie, das Gesäß soweit wie möglich nach unten zu bringen. Jetzt in dieser Position Schritte machen. Schaffen Sie eine Minute oder mehr?

3.) Stellen Sie einen Stuhl sicher auf und stellen Sie sich davor. Nun stellen Sie ein Bein auf die Sitzfläche und drücken Sie sich, ohne die Arme als Hilfsmittel einzusetzen, hoch und wieder hinunter. Bein wechseln. Je Seite 10 Wiederholungen.

4.) Rumpfbeugen etwas rückenschonender: Legen Sie sich auf den Rücken und winkeln Sie Ihre Beine in der Luft in 90 Gradstellung an. Diese Position halten. Drücken Sie Ihre Hände mit Kraft gegen Ihre Oberschenkel. Der Rücken bleibt auf dem Boden! Halten Sie den Krafteinsatz 4 Sekunden, der Bauch ist dabei gespannt. Lösen und wieder pressen. 20 Wiederholungen.

5.) Legen Sie sich ausgestreckt auf den Bauch. Die Arme sind am Kopf vorbei nach vorne gestreckt. Nun ziehen Sie gleichzeitig den rechten Arm und das linke Bein, also diagonal nach oben Richtung Decke. Im Wechsel, es sind immer nur kleine Bewegungen. 30 Wiederholungen.

## Eigene Notizen

# Schlusswort

Wir sind am Ende des Buches angekommen. Da Sie es bis hierhin gelesen haben, zeigt, dass es Sie interessiert hat.

Das Ende des Buches ist aber für Sie vielleicht der Anfang einer oder mehrerer Wanderungen. Egal wohin sie führen. Vielleicht haben Sie auch schon Erfahrungen gesammelt? Wenn nicht, gehen Sie einfach morgen los. Sie kennen mich nicht, aber sicher machen Sie sich eine Vorstellung von mir.

Sollten Sie nun denken, dass ich ein Asket bin und nur in mir ruhe, haben Sie sich getäuscht. Ich bin genau wie jeder andere auch, aber ich nehme mich und meine Bedürfnisse wichtig. Ich achte auf mich und ich liebe die Natur und die Bewegung. Das bringt mir persönlich sehr viel.

Und durch dieses Achten bin ich zu mir gekommen und nehme nicht nur die Dinge rund um mich herum wahr, sondern auch mich und meine Bedürfnisse. Das habe ich an keiner Schule gelernt, ich habe es ge- und erlebt.

Übrigens, ich bin ein Ordnungstyp. Es tut mir körperlich weh, wenn in meiner Umgebung die Dinge in Unordnung geraten. Es spielt keine Rolle, ob damit das Seelenleben, Unstimmigkeiten oder ein nicht aufgeräumter Raum gemeint sind.

Draußen aber in der Natur, mit all ihrer Einzigartig- und Herrlichkeit, liegt scheinbar alles wild herum. Nichts erscheint so gepflegt, wie wir Menschen es so gerne haben. Denn diese „Unordnung" ist Natur. Dieses zu begreifen fördert eine Akzeptanz, auch mal locker zu lassen. Es darf einmal etwas liegen bleiben, nicht immer muss alles so akkurat sein. Es fördert die Toleranz.

Manches Mal, manchmal auch oft, viel zu oft, ist es im Leben wie bei einer Bergwanderung. Gerade hat man einen sehr steilen Anstieg bewältigt und geht schwungvoll, voller schöner und positiver Eindrücke, glücklich weiter. Schon steht ein neuer, vielleicht noch schwierigerer Anstieg bevor. Oft hat man das Gefühl, noch nicht einmal Zeit zum Luft holen zu haben.

Wenn sich ein Berg oder eine Widrigkeit im Leben nach dem anderen vor Ihnen auftürmen, dann versuchen Sie folgendes: Halten Sie kurz inne und erleben Sie noch einmal ganz bewusst die schönen, positiven Erlebnisse und Ihre persönlichen Erfolge beim letzten Auf- und Abstieg. Sie werden sehen, Sie haben für die neue Herausforderung Schwung und Elan gewonnen. Sie nehmen die gewonnene Kraft mit in den nächsten Aufstieg. Sie können eine ganze Weile von Ihrem Erfolg zehren und vielleicht macht das die nächste Belastung etwas leichter.

In der Natur sein, Bewegung, unterwegs sein, Neues sehen und erleben, die Sinne anregen und schärfen, Inspirationen und Entspannung, Fitness, Gesundheit, unterwegs mit nur dem Nötigsten, reduziert auf mich und die Natur, das ist großartig. Das ist Wandern.

Also, gehen Sie los, genießen Sie die Natur und seien Sie gut zu Ihr. Sie brauchen sie. Vergessen Sie nicht, vor lauter Pflichten Ihr Leben zu genießen, seien Sie gut zu sich selbst. Sie brauchen sich!

Akzeptieren Sie Ihre Schwächen, aber geben Sie sich nicht Ihren Schwächen hin. Das ist Stärke.

*Noch ein Spruch von Albert Einstein*

*Es gibt zwei Arten zu leben:*

*Entweder so, als gäbe es kein Wunder,*

*Oder so, als wäre alles ein Wunder.*



**Ich wünsche Ihnen viele entspannte und**

**anregende Momente**

**bei dem Wunder „Unsere Natur"**

**und ich wünsche Ihnen so oft es geht:**

**Eine gute Zeit**

**Ihre Dorothee**

*Gewidmet meinem Mann Walter, der mich werden ließ,*

*was ich heute bin und immer an mich glaubte*

*und mir vertraute.*


Ein weiterer großer Dank geht an

Christine S., Vera K., Elfriede B., und Nadja B.S..


*Aber auch an all die, die mich auf meinen*

*Wanderungen begleiten, inspirieren*

*und somit Einfluss auf mein Leben nehmen.*